神的法度

The Law of God

李载禄博士

"你们若爱我，就必遵守我的命令。"

（约翰福音14章15节）

目录

本书所引圣经经文取自
《现代标点和合本》

自 序

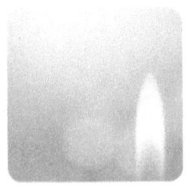

在牧会的过程中经常碰到一些人质疑："天地间哪有神？""能否让我看见神？""怎样才能遇见神？"这是因为他们不晓得遇见神的路径。

那路径其实近在咫尺。就是谨守遵行神的法度。然而，很多人虽然明白这个道理，但因不明白其中的灵意、不懂赐诫命之神的大爱，所以未能谨守遵行。

直到成为社会上一个体体面面的人，需要接受家庭和学校的各种教育。同样，直到进入永恒的天国，我们为神儿女的，需要学习许多属灵的知识。故在神里面有我们务要学习和谨守的律例典章——神的法度。

"神的法度"是指神所设立的律法和制度，是神的子民亲近神、遇见神，并且蒙神应允、同在、赐福的蹊径。

主前约1446年，神为了把出埃及的以色列百姓引入流奶与蜜之地，将祂的法度简明扼要地刻在石版上赐给他们（出埃及记24

章12节）。通过引导以色列民出埃及的领袖摩西，向他们揭示祂自己的旨意和祂子民当尽的本分，为要将他们引入神所指定的境界。

30多年前，我遇见了永活的真神。自那时起，我殷勤出席教会虔诚敬拜神，参加各种布道盛会，学习神的法度，竭力谨守遵行。

首先我戒掉了烟酒，而且照着神的吩咐，圣守主日，奉献十分之一，不住地祷告，并将《圣经》中该行的、当守的、须离弃的、不可做的，一一记录在本子上，禁食祷告，竭力遵行，至今满得神的祝福，甚至超乎所思所想。

全家人健健康康，过与疾病绝缘的生活。物质上也得到丰盛的祝福，一家人同心合意广行施舍。并且属灵的祝福也满盈，神使我成为致力于民族福音化和世界宣教的牧会者。

这样，凡认识神的法度，并谨守遵行的人，在地必蒙凡事亨通的祝福，在天必得极大的尊荣，像日头一样发光，直到永永远远。

本书是将我开拓教会之后，通过禁食和祷告所领受的神对"十诫"的启示讲道内容汇集整理编辑而成的。很多圣徒们通过"十诫"讲道信息，深悟神的慈爱，力行神的法度，以致蒙得了灵魂兴盛，凡事兴盛，身体健壮的祝福。并且，凡所求的都蒙神的应允，充满对天国新耶路撒冷的盼望。

因此，无论是谁，只要领略本书所阐明的十诫之灵意，领悟赐人十诫的神深深的慈爱，并且谨守遵行，必蒙神惊人的祝福，必照申命记28章1节-2节所说："你若留意听从耶和华你神的话，谨守遵行他的一切诫命，就是我今日所吩咐你的，他必使你超乎天下万民之上。你若听从耶和华你神的话，这以下的福必追随你，临到你身上："凡事上蒙神赐福，成为卓越超群的人。

衷心感谢为本书的出版付出辛劳的编辑部宾锦善部长以及所有同工。在此，奉耶稣基督的圣名祝愿各位读者，透过此书对神的法度有明晰的了解，并作为灵粮消化吸收，成为讨神喜悦的神的儿女。

李 载 禄 博士

编者序

　　首先将一切感谢与荣耀归于父神，因为祂引导我们将蕴含祂心意和主旨的十诫之宝贝信息，编撰成《神的法度》一书，得以出版发行。

　　首先，"十诫中蕴含的神的慈爱"这一篇讲述十诫的实意、赐人十诫的背景，强调神赐我们十诫是因着祂的慈爱，是要叫我们蒙祂赐福。因为当我们靠着神所赐的爱的力量遵行诫命，就能尽情得享神所赐的祝福。

　　"第一诫"篇中见证爱神必能全守诫命的道理，以及神将"除了我以外，你们不可有别的神"列为诫命首条的缘由。

　　"第二诫"篇中论及不可拜普遍意义上的偶像，同时强调不可拜属灵意义上的偶像，亦即不能爱某种事物胜过爱神。并且列举具体例子讲述主内的人拜偶像之现象，以及顺从诫命，不拜偶像的人所蒙受的祝福和悖逆神的人所临到的咒诅。

　　"第三诫"篇中揭示妄称神名的含义、妄称神的名构成罪的原因，以及免犯此罪的方法。

"第四诫"篇中阐释安息日的意义及安息日从周六（旧约）更改为主日（新约）的根由。并分三个部分见证圣守安息日的方法。还论及神允许在安息日工作和进行买卖的例外的情况。

"第五诫"篇中讲述在主里面孝敬父母的道理，并具体探讨什么是真正的孝敬，以及怎样孝敬我们灵里的"父母"——神。在真理里面孝敬神和父母时临到怎样的祝福等问题。

"第六诫"篇中探讨普遍意义上的杀人，并且针对人们容易忽略的属灵意义上的杀人，从两个方面进行分解。

"第七诫"篇中论到行为上的奸淫、心里犯的奸淫等普遍意义上的奸淫，以及比这些更重的属灵意义上的奸淫。并且揭示离弃奸淫的具体方法，力证借助神的恩典与能力，以及圣灵的帮助，必能除净奸淫这个罪性。

"第八诫"篇中论到普遍意义上的偷盗和属灵意义上的偷盗，尤其仔细探讨有关十一奉献和供物，以及偷窃神言语的问题。

"第九诫"篇中从神的视角论及假见证的实意，大致分三个部分进行讲解。并强调务要除去虚假的属性，把真理填充于心里。

"第十诫"篇中论到贪心所衍生的各种罪行，并讲述真正的福气就是灵魂兴盛，灵魂兴盛，方能凡事兴盛的道理。

最后，论及耶稣以爱完全了律法的圣工，引申到若要全守律法——神的道，必须要有爱的真理，同时揭示超乎公义之爱的境界。

但愿阅读此书的读者，悟透十诫的灵意，并且谨守遵行，时常住在光明中。从而能够向神坦然无惧，凡所求的无不从神得着。

2007年1月，

编辑部长　宾锦善

十诫中所蕴含的
神的慈爱

出埃及记20章6节
爱我、守我诫命的，我必向他们发慈爱，直到千代。

大约4000多年前，神立亚伯拉罕为信心之父，并向他承诺："论福，我必赐大福给你；论子孙，我必叫你的子孙多起来，如同天上的星，海边的沙。"

信实的神，就照着这一约言，到了日子满足时候，通过亚伯拉罕的孙子雅各的十二个儿子，构建以色列族群。雅各与其众子，逃避饥荒，迁居埃及，生养众多，子子孙孙在那里生活了400年之久。原来这一切尽在神的计划当中，是神慈爱的显明，是要叫他们免遭外邦种族的侵袭，得以顺利形成一大族群。

迁至埃及的时候，雅各的家眷只有70人。随后雅各的后裔渐渐繁茂，逐渐形成规模巨大的强盛族群。于是神拣选一个叫摩西的人物，委派他作以色列百姓的领袖，带领以色列民走出为奴之家埃及，引入流奶与蜜的应许之地——迦南。

十诫，就是神引导以色列百姓进入迦南地的过程中，亲自所赐的宝训。

出埃及的以色列民，须要具备相称的资格，方能进入神所预备的迦南福地。这资格就是信心与顺从。但必须要有一个标准，才能使他们明白信心与顺从的实意。于是神藉着引导以色列民出埃及的领袖摩西，颁赐十诫。

十诫给人类生活奠定了一个道德和灵性的准则，叫人持守，能够尽人的本分，履行做人的道理。神并没有强迫以色列人遵守十诫，而是叫他们甘心乐意地去遵守，为此先使他们经历到降于埃及的十灾、红海分开的奇事、玛拉的苦水变甜的神迹、降下吗哪和鹌鹑供养众民的奇妙大能。

但这里重要的是，包括十诫的一切神言，不单是赐给摩西和以色列百姓的，也是赐给如今所有信神之人的。这是神针对全人类颁布的命令，也是人类蒙神的慈爱与赐福的捷径。

神赐诫命的本意

父母在养育儿女的过程中，将生活中须知的各种规则教给孩子。比如："从外面玩耍回来，首先要洗手洗脚"、"睡觉时一定要把被盖好"、"红灯亮时不要过马路"等等，不胜枚举。

父母之所以随时将这些规则教给孩子，是因为爱他们的缘故，并非要强其所难。是要叫他们免遭疾病、事故和险情，得以安然度日。这是人之常情。与此相仿，神赐诫命与自己的儿女，也是因为爱他们的缘故。

出埃及记15章26节说："你若留意听耶和华你神的话，又行我眼中看为正的事，留心听我的诫命，守我一切的律例，我就不将所加与埃及人的疾病加在你身上，因为我耶和华是医治你的。"

利未记26章3节-5节说："你们若遵行我的律例，谨守我的诫命，我就给你们降下时雨，叫地生出土产，田野的树木结果子。你们打粮食要打到摘葡萄的时候，摘葡萄要摘到撒种的时候，并且要吃得饱足，在你们的地上安然居住。"

由此可见，神赐我们诫命的本意，就是叫我们明白遇见神，蒙神赐福，成全心愿的路径，得享幸福安康的人生。

我们务要遵守包括十诫在内的神一切法度的另一个缘由是：因为有公义的灵界法则。国有国法，家有家规，神国也有神设立的灵界的法则。神是万有的创造者，是掌管人类生死祸福的全知全能的神，但祂从不独断专行，虽是自己所设立的律法，祂也恪守不渝。

我们活在这个世界，需要遵守这世界的法律，同样，接待耶稣基督为个人的救主，获得神儿女的权柄，成为天上之国民的我们，理当遵守神的律法。

列王纪上2章3节说："遵守耶和华你神所吩咐的，照着摩西律法上所写的行主的道，谨守他的律例、诫命、典章、法度。这样，你无论作什么事，不拘往何处去，尽都亨通。"

遵守神的律法，就是遵守神在《圣经》上的一切话语，亦即诫命。只要谨守遵行神的律法，我们必蒙神随时的帮助和保守。

反之，违背诫命的人，无法得到神的保守，常经仇敌魔鬼、撒但所带来的试探和患难。违背诫命就是罪，违背诫命的人就是罪的傀儡、魔鬼的奴仆，最后必然终结在地狱里。

神赐诫命本乎爱，旨在赐福

因此，我们可以悟出：神赐我们诫命，是出于慈爱，旨在赐福与我们，为要使我们将来在天国得享永生福乐，且在地上得享凡事亨通的祝福。当我们领悟这一神的慈爱时，就不得不感谢赐诫命的神，并甘心乐意地遵守祂的诫命。

孩子们一旦醒悟到父母的爱，就会努力顺从父母的话。即使不慎违背父母之言，受到父母的责备，也会体贴父母的心意，表示以后定会改正错误，并乖巧地投进父母的怀抱。随着年龄的增长，对父母的爱有了更深的了解，儿女便会时常铭记父母的话，并且遵行，竭力讨父母的喜悦。

儿女们在这种爱的激励下，逐渐形成自觉顺从的能力。遵行神在《圣经》上的话语也与此相仿。神将独生爱子差遣到这地上，使他在十字架上替我们舍命，显明祂至高无上的大爱。凡心里相信这一事实的人，必然尽心竭力遵行神的诫命。

无瑕疵、无玷污的耶稣，被视为十恶不赦的罪人，替我们钉于十字架，受尽蔑视、讥诮、凌辱，最终以爱完全了律法，给我们敞开了救恩的大门。凡心里相信这一大爱的人，必然存着欢喜的心，顺从神的命令。

遵守诫命的人所蒙的祝福

那些全然顺从神的道，彻底遵守诫命的古人先知，都蒙了神极大的祝福，大大荣耀了神的名，并成为永不熄灭的真理之光，照亮我们的信仰历程。

亚伯拉罕、但以理、使徒保罗就是这样的人，这样的人，今天同样存在。

以美国第16任总统亚伯拉罕·林肯为例，他只仅仅受过9个月的正规教育，但他因着卓越的品格和美德，至今受人景仰和缅怀。林肯9岁的时候，母亲南希去世了。母亲生前时常叫小林肯背诵比较简短的经文，并教导他要遵守《圣经》的律例典章。

在弥留之际，母亲叫了林肯来，给他留下遗嘱说："你要一心爱神，谨守祂的诫命。"林肯长大成人，成为杰出的政治家，创下"废除奴隶制"这一历史伟绩。在这一辉煌的人生历程中，他始终没有离开过《圣经》这本记录神言的生命宝典。由此可见，时常亲近神的道，并且践行的人，神必向他显明爱他的凭据。

这是我开拓教会不久时经历的事。当时我探访一个家庭，得知他们夫妻婚后多年不能生育。我在圣灵的带领下引导礼拜，为他们夫妻祷告祝福，并对他们嘱托一件事，就是遵守十条诫命，包括圣守主日和奉献十分之一。

这两位是初信徒。他们就遵照神的话语，全守主日，并献上了完整的十分之一。结果，他们蒙了受孕的祝福，生了一个健康的宝宝。丈夫如今成为长老，满得物质上的祝福，资助宣教事工，广行施舍。

遵行神的诫命，如同奔行夜路，须有明灯指引。有明灯指引，就不怕跌倒；有神的同在，就不怕遭害，尽享神儿女的权柄与祝福。因为在一切环境中，神必作我们随时的保护者。

所求蒙允的蹊径

约翰一书3章21节-22节说："亲爱的弟兄啊，我们的心若不责备我们，就可以向神坦然无惧了。并且我们一切所求的，就从他得着，因为我们遵守他的命令，行他所喜悦的事。"

如这段经文所说，我们若遵守神在《圣经》上的诫命，行祂所喜悦的事，就可以向神坦然无惧，凡所求的，都蒙成全。这是何等大的福气！当神的儿女顺从神的话语时，慈爱的神就可以用火焰般的眼目时刻保守他们，并可以照着灵界的法则，尽情地成全他们所求的一切。对神来说，这是何等大的欣喜与欢悦！

由此看来，神的诫命就是爱的教科书，能将我们这些在世受耕作的儿女们，引入最能蒙福的道路。神所赐的诫命中包含着我们在世受耕作期间免遭灾殃的原则和蒙神赐福的方法。

神赐诫命的目的并非在于惩罚那些不守诫命的人，而是在于使所有的人都遵守诫命，能在荣美的天国得享永生福乐（提摩太前书2章4节）。我们若能感悟神这般心意和大爱，谨守遵行祂的诫命，就必更加蒙祂所爱。

神赐十诫，旨在将我们引入祝福之路。

下面具体探讨十诫这一宝贝的讯息，让我们能够借着神所赐的爱的力量，信守《圣经》上一切诫命，尽享神所应许的一切美福。

第一诫

除了我以外，
你不可有别的神

出埃及记20章1节-3节
神吩咐这一切的话，说："我是耶和华你的神，
曾将你从埃及地为奴之家领出来。
除了我以外，你不可有别的神。

相爱的人彼此相逢，仅仅同在一处，就已是十分幸福。相爱的人在一起，寒冬腊月不知寒，通宵达旦不知长，苦事难事共担当。只要能给对方带来助益，就是舍己牺牲也是心甘情愿；看到对方快乐的样子，心里倍加欣慰、幸福。

我们爱神也是一个道理。我们只要诚然爱神，神的诫命就一点也不难守，反而会存着欢喜的心去遵守。

神的儿女务要遵守十诫

如今信神的人当中有些人反问说"人怎能全守十诫？"意思是：因为人是不完全的，所以全守十诫是不可能的，只能努力守而已。

约翰一书5章3节说："我们遵守神的诫命，这就是爱他了，并且他的诫命不是难守的。"我们爱神的凭据，就是遵守祂的诫命。神的诫命其实并不难守。

旧约时代，人们是靠自己的意志和努力守律法，新约时代则不同——凡接待耶稣基督为救主的人，领受所赐的圣灵，就可以靠着圣灵的帮助遵守律法。

圣灵与神原为一；圣灵就是神的心，祂的功用就是帮助神儿女摆脱软弱。祂亲自替我们祷告，指示我们当行的事，将神的爱浇灌我们的心，引导我们与罪相争，抵挡到流血的地步，直到能够遵行神的旨意（使徒行传9章31节；20章28节；罗马书5章5节；8章26节）。

只要依靠圣灵的能力，我们就能深悟赐独生爱子的神博大的慈爱，并能持守那些靠自己的意志和能力所无法遵守的。尽管如此，仍有一些人声称神的诫命难守，依旧活在罪孽中，不肯守神的诫命，这表明他们爱神不是发自内心的。

约翰一书1章6节说："我们若说是与神相交，却仍在黑暗里行，就是说谎话，不行真理了。"约翰一书2章4节说："人若说'我认识他'，却不遵守他的诫命，便是说谎话的，真理也不在他心里了。"

神真理的话语，即生命的种存在心里的人，必不犯罪，他们会遵照真理，虔诚度日。口称信神，却不守神诫命的人，没有真理存在他的里面。他们显然是神面前说谎话的。

"除了我以外，你不可有别的神。"

这里"你"是指领受十诫的摩西和通过摩西承传十诫的以色列百姓，乃至如今一切因信主名，获得救恩的神的儿女们。那么，神将"除了我以外，你不可有别的神"这一诫命列为十诫之首，并叫我们遵守的缘由是什么呢？

因为惟独耶和华神是全知全能的神、永活的上帝、创造天地万物的主；惟独神掌管整个宇宙万物和人类历史，以及人间生死祸福；唯有祂能将真生命与永生赐给人类。

在罪恶满盈的世界中拯救我们，释放我们脱离罪奴之身份的，也是这位独一无二的真神。因此，除了耶和华神以外，我们心中不可有别的神。

然而那些愚妄的人们，却远离神，去叩拜侍奉诸般虚空的假神。他们侍奉连眼都不能眨的菩萨；还向石头、枯木，或北极星祈福祭拜。

而且有很多人将大自然现象，或死人当作神来崇拜，并呼求它们的名。人们所信奉的所谓的"神"繁杂多样，因种族和国家而异，据说仅日本就有800万种假神偶像。

那么，人们制造各种神像并崇拜的原因是什么呢？

就是为要得到心灵的安慰，或是因承袭古人的陋习。而且他们顺着心中的贪婪，拜许多的神，认为这样就可以多蒙祝福。

但要知道，除了创造主——神以外，别无它神能够拯救我们，赐福我们。

在大自然中显明的创造主——神的见证

罗马书1章20节说："自从造天地以来，神的永能和神性是明明可知的，虽是眼不能见，但藉着所造之物就可以晓得，叫人无可推诿。"的确，单看天地万物的奥妙，也能明白创造主存在的事实，以及创造主——神只有一位的事实。

例如：地球上的人类不论黑人、白人，任何种族，身体的结构和机能都是一致的；都有两只耳朵，一个鼻子，一张嘴，五官的位置也相同。不仅人类如此，连动物也不例外。

大象鼻子长，但照样是一个鼻子，两个鼻孔。无论是耳朵长的兔子，还是威武凶猛的狮子，其眼睛、嘴巴、鼻子、耳朵分布的位置都与人类同。数以百万计的地上各类活物，包括游鱼、飞鸟和昆虫等等，虽按种类略有差异，但其构造和机能基本一致。这说明什么呢？就是创造主——神只有一位的明证。

创造主——神的见证，在奇妙的自然现象中也清晰呈现。地球一天自转一周，一年围绕太阳公转一周。月球一个月自转一周，同时围绕地球进行公转，这一自转和公转运动造就了地球上种种规律，如昼夜交替，四季更迭，涨潮落潮，大气循环等等。

这些天体的方位及运行规律，都是那样的精准、合理，营造了人类和生命体赖以生存的最佳环境。太阳和地球的距离恰到好处，不可远，也不可近，无数的岁月中，按着指定的轨道，分毫不差，周而复始地进行了自转和公转。

天地万物是经过神超自然的智慧所创造并运行，这就是宇宙中人类所不可思议的奇异现象比比皆是的原因。

正因为存在着这么多不容置疑的见证，无人能够在末日审判之时狡辩说：我没有信，因不知道有神在。

牛顿有一次托付老练的机械工，精确巧妙地制造了一个太阳系模型。一位无神论者朋友来见他，看见这一模型，好奇地摇动了手柄。神奇的事发生了！各"行星"以不同的速度，顺着各自的轨道，围绕"太阳"旋转。

朋友甚觉惊奇："这个模型太棒了！是谁造的？"知道牛顿怎

么回答吗？他说："这并不是谁造的，是偶然形成的。"

朋友以为牛顿在逗他，有些恼火，大声说："你这不是把我当傻子看待吗？这么精确的模型怎会自己偶然形成？"牛顿趁机点醒朋友说："这不过是仿造部分宇宙星体运行的一具模型。你既然主张这么简单的模型自然形成是不可能的，却相信太阳系可以没有制造者而自然形成，这怎么解释？"

牛顿在他的著作《原理》一书中这样陈述：

"若没有一位具有超凡智能的大能者掌管和运作，这美妙而精确的天体是不会存在的……上帝是永恒无限的。"

许多研究自然法则的科学家是信上帝的基督徒，原因在于越研究大自然和宇宙，就越显明神的伟大永能和神性。

永生神的见证不止呈现在这些方面；古往今来，神通过虔诚信祂的人彰显奇事和神迹，给人类提供无数可信的凭据。并且通过蒙祂所爱和信任的主的仆人和工人，以及《圣经》的预言在历史上的应验，证明祂是活神、真神。

未曾听到福音却承认创造主——神的人们

纵观人类历史，在未曾听过福音的人中那些心地善良者，承认独一无二的创造主的存在，并一心向善，正直为人。

心灵不洁，昏聩迷乱的人们，为了得心灵的安慰，崇拜各种虚神偶像，然而，那些心里正直、清洁的人，即使对神了解不深，也一心敬畏独一的造物主。

　　例如：韩国朝鲜时代的忠臣李舜臣将军，以国家和百姓的安危为己任，殚精竭虑，至死尽忠。他孝敬父母，凡事不求自己的益处，舍己为人，奉献一生。他虽不认识神和主，但他并没有沾染巫术，盲拜虚神，而顺着纯善的良心，瞻仰上苍，单单敬畏独一无二的造物主。

　　就这样，善良的人，即使无人教导神的话语，也会顺着纯净的良心，极力在凡事上诚实为本、正直为人。神为这样的人敞开了救恩的道路，就是"良心审判"，旨在拯救那些不认识耶稣基督的旧约时代的人们，以及耶稣降世之后的未曾听到福音的人们。

　　罗马书2章14节-15节说："没有律法的外邦人若顺着本性行律法上的事，他们虽然没有律法，自己就是自己的律法。这是显出律法的功用刻在他们心里，他们是非之心同作见证，并且他们的思念互相较量，或以为是，或以为非。"

　　心地善良，良心纯净的人，他们听了福音，自然会接待耶稣基督为主。因此，神使他们停留在上阴间，到时侯要领他们进入天国。

　　当人生命终结，灵魂脱身，就进入属灵的世界。"阴间"就是为了让这些脱离身子的灵魂能够适应灵界而预备的场所。阴间分为上阴间和下阴间。上阴间是预备得救的灵魂驻留的地方；下阴间则是未得救的灵魂受苦的暂居之所（创世记37章35节；约伯记7章9节；民数记16章33节；路加福音16章）。

　　使徒行传4章12节说："除他以外，别无拯救。因为在天下人间，没有赐下别的名，我们可以靠着得救。"于是耶稣亲自降在阴间给那里的众灵魂传福音，使他们能够因信祂的名而获得永生的资格。

有一段经文为这一情形提供实证，就是彼得前书3章19节："他藉这灵曾去传道给那些在监狱里的灵听"，这表明耶稣在十架上殒命之后，降在上阴间传福音。那些停留在上阴间的众多善良的灵魂，立刻认出耶稣基督，欣然接受福音，获得所预备的救恩。

无论是旧约时代的人，还是不晓得律法的人，或未曾听过福音的人，只要他顺着纯善的良心相信创造万有的主，察看人内心的公义的神，就给他们敞开救恩的大门。

叫人除了耶和华神以外，不可有别神的缘由

不信神的人当中，偶有人质疑："基督教叫人只信一位神，是不是太独断、狭隘、排他了？"

还有的人声称信主，有事就找人算命，依赖巫术，迷信符咒；还有的人参加其他宗教的仪式，祝贺、道喜，倒是觉得心安理得，声称这是宽容与和谐的体现。

神分明警戒我们不可与拜偶像的事妥协。神说"除了我以外，你不可有别的神。"（出埃及记20章3节），我们不能与那些将受造之物放在与神同等的地位来崇拜的人交往，更不能为他们祝福。

创造我们的创造主只有一位；向我们赐福，赐生命的也只有一位，就是耶和华神。人所侍奉的那些虚神偶像皆出于那敌神的魔

鬼、撒但。

仇敌魔鬼、撒但时常蛊惑众人远离神，去迷信假神，借以受人崇拜，将人们引向灭亡。

因此，那些虽说是信神，却将别的"神"存在心里的人，必遭仇敌魔鬼、撒但的搅扰和亵渎，常经试探患难，饱受悲痛、忧愁、疾病之苦。

慈爱的神不希望人们因着侍奉别神，遭致永远灭亡，便吩咐人类说："除了我以外，你不可有别的神"，希望人类以侍奉神为至上，获得永恒的生命，在世得享蒙福的人生。

一心不变地仰赖神必蒙赐福

历代志上16章26节说："外邦的神都属虚无，惟独耶和华创造诸天。"如果神没有记录"除了我以外，你不可有别的神"这一诫命，那些心里没有定见的人，就会更加心安理得地去拜偶像，甚至信神的人当中也会有很多人迷信虚神，沉沦失丧。

以色列的历史就是这种现象的真实写照。以色列百姓尽管对神是创造天地的主，独一无二的真神的道理听得耳熟能详，又无数次经历了神大能的彰显，却随着时间的推移，渐渐远离神，倒寻求那些虚无的假神。

他们将外邦人所信奉的神像看为美好，于是一边向神献祭，一边向外邦神烧香，叩拜，从而招致仇敌魔鬼所带来的百般的试探、患难和灾殃，饱受痛苦折磨，直至穷途末路，这才认罪悔改，重新归向神。

慈爱的神，对以色列百姓施以无限的宽容，并为他们消除灾殃，是因为不希望他们因着拜那些虚神而自赴灭亡之地。

神为我们显现无数的见证，叫我们可以坚信祂的永活与永能，单单事奉创造主——神。祂差遣自己的独生爱子，拯救我们脱离罪和死亡，使我们能够领受永生的应许，获得对永恒天国的盼望。

从古至今，神一如既往地通过祂所喜爱的人们彰显惊人的奇事和神迹，证明祂是活神真神。并通过祂在《圣经》66卷书中的话语，以及人类历史进程，清楚显明不容置疑的无数见证，叫人心服口服。

因此，我们作为神的儿女，应当专心事奉创造并掌管万有的神，并且凡事信靠仰赖祂，多结善果，满得祝福。

第二诚

不可为自己雕刻偶像；
……也不可侍奉它

出埃及记20章4节-6节

不可为自己雕刻偶像；

也不可作什么形像仿佛上天、下地和地底下、水中的百物。

不可跪拜那些像；也不可侍奉它，因为我耶和华你的神是忌邪的神。

恨我的，我必追讨他的罪，自父及子，直到三四代；

爱我、守我诚命的，我必向他们发慈爱，直到千代。

"主在十架上为我舍命，我怎能贪生怕死，不认我的恩主！为主舍命，哪怕十次，我也在所不惜。背弃恩主苟且偷生，就算活个百年千年，人生又有何意义！我已立志为主舍命，求主加给我力量，使我胜过死亡权势，免得我顾惜一己之性命，羞辱主你荣耀的圣名。"

这是因拒绝参拜神社，为主殉道的朱基彻牧师的告白，摘自《我的父亲——殉道者朱基彻牧师》一书。朱基彻牧师不畏刀枪，舍生取义，坚守神命，拒拜偶像。

"不可为自己雕刻偶像；……也不可侍奉它，"

单单爱神、敬拜神，是圣徒当尽的本分。于是神赐我们第一条诫命——"除了我以外，你不可有别的神。"接着又赐我们第二条诫命——严禁崇拜偶像。

乍一看，第二条诫命和第一条诫命区别不大。但两者是有区别的；灵意各不相同。第一条诫命是针对多神论的警戒，吩咐人要单单爱神并侍奉神。

第二条诫命——"不可为自己雕刻偶像；……也不可侍奉它，"则着重对拜偶像行为的警戒，以及以爱神、侍奉神为至上的人所必蒙的祝福。那么，偶像的含义是什么？下面具体探讨这个问题。

普遍意义上的偶像

　　偶像包括普遍意义上的偶像和属灵意义上的偶像两种。首先普遍意义上的偶像是指人们按照想象凭空打造出来作为崇拜对象的某种具体物质形像。

　　人们崇拜侍奉那些用木头、石头、铜、铁、金、银等材料雕刻或铸造的人像，或地上的走兽、昆虫、鸟类、鱼类，或日头、月亮、星星，以及凭空想象出来的某种像体。这种制造物质形像来崇拜侍奉的行为就叫做拜偶像。

　　人手所造的偶像是没有气息的，没有给人应允或赐福的能力。然而，照着创造主——神的形像受造的人类，竟在那受造之人的手所造的偶像面前跪拜、祈福，这是何等愚昧的行径，真是可笑之举啊！

　　以赛亚书46章6节-7节说："那从囊中抓金子、用天平平银子的人，雇银匠制造神像，他们又俯伏又叩拜。他们将神像抬起，扛在肩上，安置在定处，它就站立，不离本位。人呼求它，它不能答应，也不能救人脱离患难。"

　　除了崇拜某种所造之像的行为以外，那种依赖符咒，或向死人献祭等迷信行为，也属于拜偶像。人们认为设置符咒可以消灾积福，但事实上适得其反。打开灵眼就可以看到贴符咒或供偶像的地方有污鬼、恶灵汇集，由此招致灾殃和患难。偶像绝不能将福气带给人，反而带来各种灾祸。惟独主神才是万福之源。

然而人们为何要去拜那些人手所造的有形无实的偶像呢？

因为人有一种属性——亲眼所见，亲手所摸，才觉心里满足。以色列民在埃及为奴，服苦役长达400年。当他们因着繁重的苦工而向神呼求时，神就设立摩西为他们的领袖，彰显各种奇事和神迹，要拯救他们脱离埃及。

当埃及王法老不肯释放他们时，神就降十灾于埃及使法老屈服，又分开红海，开一条出路，使以色列百姓摆脱险情。尽管经历这么多的神迹，在摩西上山领受十诫的40天里，他们居然按耐不住，开始拜起亲手铸造的偶像。神人摩西不见了，他们就觉得空虚，便取而代之制造眼看得见的神像来供奉。他们用黄金打造牛犊神像，妄称那是引他们出埃及的神，并且在那偶像面前吃喝淫乐。于是神的震怒临到以色列百姓身上。

神是灵，人肉眼看不到。因此人无法以物质的形像来表现出神的状貌。正因为如此，人们将人手所造的神像代替神，进行崇拜，是极为荒谬的行为。申命记4章23节说："你们要谨慎，免得忘记耶和华你们神与你们所立的约，为自己雕刻偶像，就是耶和华你神所禁止你作的偶像，"人应当单单侍奉我们独一无二的真神——创造万有的主。因为供奉那些毫无气息，毫无能力的虚神，对人有百害而无一益。

拜偶像现象之实例

　　有这样一群信神的人，在无知中，也是在无意中拜那些似非而是的偶像。例如：对着耶稣的画像或塑像敬拜，或制造童贞女马利亚像、古人先知的像，向其敬拜。尽管很多人不以为这是拜偶像行为，但这俨然也是神所憎恶的偶像。举个代表性的例子：很多人称童贞女马利亚为"圣母"并推崇敬奉。然而，查考《圣经》就可以知道这是何等大的谬误。

　　耶稣是因圣灵感孕而成胎，非通过人的精子和卵子，故祂不能称马利亚为母亲。比方说：如今科技发达，可以通过尖端设备，采取精子和卵子体外人工授精的方式孕育出孩子，就此推论，难道能称那设备为孩子的父母？

　　耶稣本有神的形像。为了道成肉身，降世为人，祂只是借着童贞女马利亚的身子，被圣灵感孕而成胎。由于这个原因，耶稣从未称童贞女马利亚为母亲，而称为妇人（约翰福音2章4节；19章26节；以原文为准）。《圣经》中出现"主的母亲"，或"你母亲"的字眼，只是第三者或记录《圣经》的门徒们在主观立场上所做的指代描写（路加福音1章43节；马太福音12章47节）。

　　"看你的母亲！"这是耶稣在十架上殒命之前对着门徒约翰说的嘱托之言，是叫他服侍马利亚如同自己的亲生母亲（约翰福音19章27节）。从因圣灵感孕怀耶稣，直到耶稣靠神的能力长大成人，马利亚全力以赴呵护和服侍耶稣。耶稣说这一嘱托之言，乃是因体恤马利亚当时的悲痛心情。

因此，如今人们敬拜马利亚像是极其不当的行为。

数年前，我曾访问过中东的一个国家。我被请到该国一位重要人物家里做客。交谈的过程中，他拿出一张地毯给我看。是经过十多年手工制作的地毯，价值无可估算，非常珍贵。但我发现其图案中呈现的耶稣形像居然是一个黑人。由此可见，耶稣的形像会因画家或雕塑家的不同而呈献不同样式，无一真实，因此人向其敬拜或祈求，是拜偶像的行为，这种弊病是当杜绝的。

构不构成偶像之事的区别

偶有一些人过于警惕偶像，却不慎入了误区——认为并判定教会里的十字架也是属于偶像。但十字架并不属于偶像，而是我们所信之福音的象征。我们瞻仰十字架，是为了记念耶稣背负十字架所流的宝血之功效和拯救的大恩，故十字架本身并不是我们崇拜的对象或者所谓的偶像。

画家或雕塑家单纯表现某种意境的圣画，或雕塑作品也不例外。如耶稣抱着羊的画，或"最后的晚餐"等作品只是形像地表现出好牧人——耶稣的行迹，并非作为敬拜的对象而刻画的。不过，人若向着这些作品敬拜或祈求，便是拜偶像了。

然而有的人说旧约时代的摩西也造过偶像，他们是指着民数记21章里，以色列百姓抱怨神，遭致沙漠火蛇袭击事件说的。众多

不可为自己雕刻偶像；……也不可侍奉它

百姓被蛇咬伤，逐渐死去的时候，摩西制作铜蛇，挂在杆子上举起来，凡被蛇咬的人，只要顺从神的话，仰望那铜蛇，就幸免死难。

神叫摩西制造铜蛇的像，并不是要人崇拜偶像。这是预表将来耶稣基督赎出我们脱离律法之咒诅的事件。

当时凡顺着神的命令，仰望铜蛇的人，无一因自己的罪孽而灭亡。同样，因罪而走向灭亡的灵魂，只要相信并接待挂在十字架上的耶稣为主，就可以得到拯救，获得永恒的生命。

列王纪下18章4节记载：南国犹大第16任国王希西家从国中破除一切偶像之时，"打碎摩西所造的铜蛇，因为到那时以色列人仍向铜蛇烧香"，并叫那铜蛇为铜块。借以再次警示：铜蛇虽然是在神的旨意当中所造的像，但它决不是人们崇拜的对象。

属灵意义上的偶像

我们不仅要了解普遍意义上的偶像，还要清楚了解拜偶像的灵意。属灵意义上的偶像，是指人对所爱高过于神的一切事物。拜偶像并不单单指烧香拜佛、祭祖求仙的行为。

人若顺着私欲，爱父母、丈夫、妻子或儿女胜过爱神，从属灵的角度讲，这就是他的偶像；至于那些惟我独尊，专爱自己的人，自己便是自己的偶像。

当然，此话并不是叫人唯独爱神，不能爱别人。神的儿女在真理里面爱父母是理所应当的，况且神也吩咐我们说"当孝敬父母"。但若以爱父母为由，行违背真理的事，便是爱父母胜过爱神，便是与拜偶像的罪相等。

我们的肉身虽是父母生的，但人类的生命的种——精子和卵子则是神所赋予的，故神是我们灵里的父母。假如不信的父母反对儿子主日去教会敬拜神，儿子体贴父母心意而干犯主日，便是爱父母胜过爱神。这不仅是令神忧伤的悖逆之举，也不是真正爱父母的表现。

我们若是爱一个人，应该引导他得救恩，得生命，这才是真爱。为此，我们自己首先守好主日，并为父母祷告、传福音，领他们归主，这样才算是真正孝敬父母。

为人父母的也是如此——若想给儿女真爱，首先要爱神，并在主的爱里面爱自己的儿女。父母可以爱护儿女如同眼中的瞳仁，但靠自己的力量却是无法从仇敌魔鬼的侵袭中保全自己的儿女。孩子遭遇突如其来的事故也无法保护他；孩子得了医学上无法医治的绝症也只能束手无策。

然而，父母若是敬畏神，把儿女向神交托，在主里面爱儿女，神必亲自保守他们的儿女。赐他们灵魂兴盛，身体健壮，凡事亨通的祝福。

夫妻之间的爱也不例外。不认识神真爱的人，他们的爱也只能停留在属肉体的层面上，于是顺着私欲互相争竟，经不起时间的考验，那爱终究变质流逝。然而，在神里面的爱，是真爱、属灵的爱；是"不轻易发怒"、"不作害羞的事"、"不求自己的益处"，永不

不可为自己雕刻偶像；……也不可侍奉它

改变的真实而和美的爱。

爱某种事物胜过爱神就是拜偶像

我们信主活在神的爱里面，当以爱父神为至上，并在爱里面，去爱所有的人，这样才能分享真爱的幸福。所以神叫我们把爱神放在首位，并且严禁拜偶像的行为。但要好好理解其中的灵意，不要误解误讲："我去教会听讲道说：必须专一爱神，不准爱家人。"

一个信神的人若为了财物、名利、知识和权势而违背神的诫命，或与世俗妥协，偏离真理的道路，那么这些就成了他的偶像。

有的人爱财胜过爱神，不屑神祝福之应许，又出于吝啬，就连最基本的信仰——守主日和奉献十分之一都做不到。

有些青少年还把歌星、影星、球星，或音乐家的相片贴在墙上，或夹在书皮中，甚至揣在怀中，爱他们胜过爱神。

当然喜欢某个出色的演员，或运动员，敬佩他们的超群的才华和毅力是可以的，但若是常常把心思放在这些属世的事上，发展到迷恋的程度，甚至远离神，便是神不喜悦的事。除此之外，孩子们若是着迷于电脑游戏或某些玩具等，心被它们所占据，这些也都成为了他们的偶像。

忌邪的神

神严厉警戒偶像崇拜之后，接着讲述有关顺从的人所得的祝福和不顺从之人所遭的报应。

> "不可跪拜那些像；也不可侍奉它，因为我耶和华你的神，是忌邪的神。恨我的，我必追讨他的罪，自父及子，直到三四代；爱我、守我诫命的，我必向他们发慈爱，直到千代。"（出埃及记20章5节-6节）

这段经文表示：神由于"忌邪"的缘故，追讨拜偶像之人的罪，甚至自父及子，直到三四代。

人不敬拜造自己的神，却跪拜那些虚神偶像，相当于行淫。比如丈夫行淫会导致妻子忌妒和憎恨，甚至大吵大闹，到处张扬，明明地羞辱自己的丈夫，还可能找第三者进行报复，导致闹到法庭，最终分道扬镳。这种忌妒和憎恨，甚至巴望对方遭殃的心态，绝不是出于爱。

如果从灵里爱自己的丈夫，就不会心怀忌妒和憎恨，反而会先省察自己在神面前行为是否端正、曾否用真诚的爱服侍自己的丈夫。应该避免夫丑外扬，恳切向神寻求智慧，促使丈夫的心归回。

然而，神的忌邪乃至对罪的报应，跟这些情形是截然不同的。当神的儿女不敬畏神，违背真理而行的时候，神就对他们掩面，从而招致试探、患难和疾病。此时，持有真信心的人，因为知道患病的原因是罪（约翰福音5章14节），便会谦卑省察自己，并且认罪悔改，重新寻求神。

在牧会的过程中经常看到这样一些圣徒，由于公司日益兴旺，就以工作繁忙为由，祷告的热心渐渐冷淡，忽略主内的事工，甚至不守主日。

按着公义，对这样的人，神不保守也不与他同在。于是他那本来红红火火的公司突然卷入危机，这时他才对自己没能遵行神道的罪进行忏悔，并且回转归正。像这样，虽然让心爱的儿女暂时受苦，但借此能够促其醒悟神的旨意，得到拯救。因此神对悖逆的儿女宁可暂时掩面不顾。

如果神对我们所犯的错误，不予以相应的管教而袖手旁观，我们非但对自己的错误仍旧执迷不悟，而且心灵越来越麻木不仁，肆无忌惮地继续犯罪下去，最终必然堕入死亡。神忌邪，并对罪孽的报应，是出于祂的慈爱，是要更新我们，引入永生。

对第二诫命顺从所得的祝福和悖逆所受的咒诅

神是创造主，是我们的父。祂不惜付出牺牲独生爱子的代价，给我们敞开了一条拯救的道路。祂掌管我们全部的生活，并乐意赐福敬畏祂的人。

人若是不敬拜侍奉独一无二的真神，反倒迷信崇拜那些虚神偶像，就是等于憎恨神。恨神的人必遭报应。神说要追讨他们的罪，自父及子，直到三四代（出埃及记20章5节）。

环顾我们周围，可以发现那些祖祖辈辈拜偶像的家庭，疾患忧苦接连不断。家中总有身患绝症、疑难病症的人；出现残疾人、精神病人、自杀的人，而且常受经济窘迫和各种患难。这样的灾殃，若是临至四代，整个家族势必彻底没落，落到无可挽救的地步。

然而，神说遭报要至三四代，而非定至四代，是要留一些余地。这是出于神的怜恤。也就是说：祖辈即使拜偶像，与神为敌，但若其子孙中若有悔改，并寻求神的，就会蒙神的怜恤，灾祸在那一代就止息了。

祖辈与神为敌，在严重拜偶像，作恶多端的情况下，其子孙若要接受耶稣，会受到很大的阻力，即使信了主，他们也会在信仰生活中受到很大程度的搅扰，他们就像祖辈那样，同被属灵的捆锁所束缚。仇敌魔鬼、撒但以浑身解数对他们进行亵渎和搅扰，阻挠他们建立信心，要将他们重新拖入死亡深渊。

处在这种状态的人，只要他带着谦卑的心，代替祖辈认罪悔改，竭力离弃心中的恶，迫切恳求神的怜恤，就必蒙神的恩典与保守。

反之，对那些爱神并遵行祂诫命的人，神必向他们发慈爱，直到千代，亦即使他们尽享神恩，直到永远。灾殃要临至三四代，祝福则要延至千代，从中我们可以再次深悟神丰富的慈爱。

不可为自己雕刻偶像；……也不可侍奉它

当然，祖辈虔诚侍奉神，其后代子孙不一定都蒙福。例如：大卫王被神称为"合我心意的人"，并蒙受神赐福其子孙后代的应许（列王纪上6章12节），但他的子孙中那些不敬畏神的人，并没有临到祝福。

纵观以色列历代国王，那些敬畏神的王，照着神对大卫的应许，当政时期国富民强，接受邻近诸国朝贡，而那些远离神，犯罪堕落的王，则遭遇重重患难。

一个人只有爱神，并活在真理里面，不让偶像玷污自己，方能尽享祖辈所积累的福气。

故我们应当弃掉一切神所憎恶的偶像，以爱神、侍奉神为至上，使自己一生一世福杯满溢，并且子子孙孙得享神所应许的一切美福，直至千代。

不可妄称耶和华你
神的名

出埃及记20章7节

不可妄称耶和华你神的名；因为妄称耶和华名的，

耶和华必不以他为无罪。

以色列人格外珍视神的话语。从他们手抄《圣经》的态度和读经的样式中，我们多少可以感悟、看出这一特性。

印刷技术尚不发达的古时，人们多以手抄的方式普及《圣经》。据说每逢要写神的名"耶和华"时，以色列人总要提前沐浴洁身，更换一只新笔。不慎写错了字，就刮掉那部分，然后重写，尤其写错了"耶和华"这字的时候，干脆就从头再写。有一时期，以色列人读经读到"耶和华"就不敢直接读出来，便念成"阿多奈"，亦即"我的主"。他们就这样以神的名为至圣至尊。

"耶和华"是神代表性的尊称，包含着神荣耀、威严的属性，以及自有永有者、创造主、全能者的意义。

"不可妄称耶和华你神的名"

这样一条诫命在十诫中，有的人却全然记不得；有的人看似信仰虔诚，但不懂得敬重神，经常妄称神的名。

"妄称"的"妄"字包含着非分、不实、胡乱、荒诞、不合理之意。故"妄称神的名"是指神的名使用不当之现象，即指以不敬虔的心，胡乱使用神的名。

例如：诉说自己想法的时候，佯装是神所指示的；照自己的意思行动，却冒充是神的旨意；另外，借神的名起假誓，或开玩笑等情形均属于这个范畴。

平时根本不寻求神的人，遭遇不顺心的事，就说"上帝不公平"或者"神如果真的活着，怎么会发生这等事？"

身为受造之物，胆敢这样妄称配得荣耀与尊贵的创造主——神的名，怎能以他为无罪呢？我们应当打心底里敬畏神，时常省察自己，谨慎自守，竭力活出神真理的话语，万不可对神轻慢无礼。

那么，人妄称神的名构成罪的原因是什么呢？

第一是不信神的缘故。

探索人类和万物之本质的哲学家中，有的宣称神死了；在普通人中也有随意说世界上没有神的。

曾经有位前苏联宇航员妄称："我上了太空，却没见着上帝在什么地方。"身为宇航员，他应该比谁都清楚知道自己所探险的空间，对整个浩渺无垠的宇宙来说，是何等渺小，不值一提，只因自己肉眼看不到创造整个宇宙的神，就傲然声称神不存在，这是何等愚妄之举！

诗篇53篇1节说："愚顽人心里说，没有神。他们都是邪恶，行了可憎恶的罪孽，没有一个人行善。"以谦卑的心察看自然现象的人，不难发现其中所呈现的创造主——神的许多见证（罗马书1章20节）。

神将信神的机会赐给了地球上的每一个人。耶稣基督降世之前的旧约时代，神感动善人的心，使他们认识永活的真神；耶稣基督降世后的新约时代，神又通过各种方式使人认识祂，并且不停地叩动人的心门。

由此，善人透过某种渠道听到福音，就立刻打开心门，接待耶稣基督为主，走上救恩之路。恳切寻求神的人，不仅在祷告中领受圣灵的感动，也通过异象或异梦等各种渠道，经历到永生神的作为。

有一次我听到一位圣徒的见证，非常吃惊。讲得是她娘家母亲因胃癌离世归了天家，有一天，母亲在梦里显现，对她说："我若生前遇见万民中央教会的李载禄牧师，应该早得医治了……"。以此为契机，平时通过因特网了解本教会的这位圣徒，携全家一同登录了本教会，而且她独生儿子癫痫病得到了医治。

神就是这样以各种方式，向人显现祂自己是活神的见证。尽管如此，仍有人持否定的态度，这是因他们心地过于刚硬、愚顽的缘故。人若是这样硬着自己的心，不肯信神，却随意张口贬称神，神怎能说他无罪呢！

神就连我们的头发都数得过，祂用火焰般的眼目，察看我们一举一动。人若是相信这一事实，是绝不会妄称神的名。妄称神名的人，表面上看似信神，其实并非心里相信，因此在神面前构成罪。

第二是因轻慢神的缘故。

"轻慢"是指轻忽怠慢。一个轻慢创造主——神的人，神怎能以他为无罪呢？

诗篇96篇4节说："因耶和华为大,当受极大的赞美,他在万神之上,当受敬畏。"提摩太前书6章16节说："就是那独一不死,住在人不能靠近的光里,是人未曾看见,也是不能看见的,要将他显明出来。但愿尊贵和永远的权能都归给他。阿们!"

甚至出埃及记33章20节说："你不能看见我的面,因为人见我的面不能存活。"的确,神是至大、至高的神,是我们这些受造之物所不能抬头见的至圣者。

因此从前良心纯净的人们,虽不曾认识神,但只要是关乎天上的事,他们总要使用敬语。比如说人们不说下雨了,而是说"天赐甘霖"等等。

大多数人对自己的父母,或从内心里尊敬的人,不会随意叫他们的名字,万不得已要提起他们名字的时候,一定会使用尊称。更何况,对万物的创造者、一切生命的主宰——耶和华神,我们该采取怎样敬虔的姿态呢?

然而,非常令人痛惜的是,如今信神的人当中也有很多人不懂得尊重神,反而轻忽怠慢。例如:有的人在说废话或戏言时随意引用经文或提起神的名。"道就是神"(约翰福音1章1节),轻看《圣经》之道,等于是轻慢神。

另外,托神的名说假话,也是轻慢神的表现。比如:人将自己头脑里呈现的意念,说成是"神对我说的话"或"圣灵指示我的话"。我们盗长辈之名,口出虚谎的言语尚且不能容忍,更何况借托神的名,说闲言、废语呢?这是对神极其怠忽亵慢的表现。

全知全能的神参透万事，对人类的心思意念，乃至一切隐秘的事，无论是善还是恶，祂都了如指掌。祂时常以火焰般的眼目，察看人们的生活情形，并照各人的行为，施行公义的审判。人若诚然相信这样的神，绝不擅敢妄称神的名，犯轻慢神的罪。

在这里，还有一点需要铭记：真正敬畏神的人不仅在称呼神名时谨慎自守，在与神相关的一切事上，也会如此。他们爱护珍惜包括圣殿和圣物在内的一切属神的事物，胜过爱护珍惜自己的东西；执行神的财政时，也会采取高度谨慎的态度，即使是对极小的额度，也本着一丝不苟的精神。

我们若因使用不慎摔碎教会的杯子，或殿内的镜子、窗户玻璃等物，岂能若无其事地一走了之呢？因为再微不足道的物件，也是花教会的钱购置的神的圣物，所以我们断不能这样行。

而且，针对以下方面我们也当谨慎：首先对神所保障的人，不要顺着自己肉体的意念去论断其所作所为；其次讲述圣灵的工作时，也不能以轻描淡写的态度谈论，因为这些都是关乎神的事。

以大卫为例，虽多次遇到杀扫罗的机会，大卫始终不肯将其杀死，尽管扫罗四处寻索他的性命。因为他认为扫罗虽因作恶多端，被神弃绝，但他毕竟曾是受神膏抹的君王，自己无权杀他（撒母耳记上26章23节）。这样，尊重并敬畏神的人，必不轻看属神的一切，反待以虔诚之至。

第三是因为托神的名说谎话。

查考《圣经》旧约可以发现，以色列历史中常有假先知登场。他们将神未曾吩咐他们的话，宣称是神的话或神启示的预言，蛊惑群众。

申命记18章20节里，神严厉警戒这类人说："若有先知擅敢托我的名说我所未曾吩咐他说的话，或是奉别神的名说话，那先知就必治死。"意思是擅敢托神的名说假话，等于是犯了死罪。

启示录21章8节也说："惟有胆怯的、不信的、可憎的、杀人的、淫乱的、行邪术的、拜偶像的和一切说谎话的，他们的份就在烧着硫磺的火湖里，这是第二次的死。"

既有第二次的死，必有第一次的死。第一次的死即指不信的人在世命终，进入死亡状态。他们在下阴间承受着与自己的罪孽相称的刑罚，饱受苦痛，反之，蒙恩得救的众人，到主从空中降临之后，在这地上要作王一千年。

千年王国结束之后，神要施行白色大宝座审判；各人要照自己的行为受审判；或是赏赐之审判，或是永罚之审判。届时，未能得救的灵魂要复活定罪，按罪的轻重程度，分别丢入硫磺火湖，或火湖。这就是第二次的死。

还提到"一切说谎话的"都要进入第二次的死，这里"说谎话的"是指托神的名说谎话的人。除了假先知的假冒行径以外，托神的名起誓而不守的，也等于是托神的名说谎话，亦即妄称神的名，正如利未记19章12节所说："不可指着我的名起假誓，亵渎你神的名。我是耶和华。"

在那些声称信神的人当中，奉神的名说谎话的也大有人在。例如："我祷告中听到圣灵的声音如何如何对我说……"、"神指示我如何如何做……"看着某种事情的进程，有的人就不假思索地说这是神的作为。如果真是神的作为，倒是无关紧要，但问题是他们习惯性地把自己的想法、作为，或某种现象说成是圣灵的声音、圣灵的指示，或圣灵的工作。

当然，神的儿女理当常听到圣灵的声音，凡事依从圣灵的指引而行。然而，并非神的儿女都能听到圣灵的声音；各人按照从心里除去罪恶，填充真理的程度，可以相应地听到圣灵的声音，然而不照着真理生活，于世俗妥协的人，则无法听到圣灵的声音。

一个心里塞满非真理的人，出于显耀和自夸自己的意图，将出自自己意念里的事，说成是圣灵的工作，这不仅是对人说谎，也是等于欺哄神。人即使可以听到圣灵的声音，直到进入100%听到圣灵声音的境界，必须要经历和操练分辨能力的过程。因此，我们万不可随意宣称某种事是圣灵的工作，至于听的人，同样要采取慎重的态度。

除了圣灵的声音以外，针对异梦、异象等各种属灵的现象也不例外。梦大致有三种：一种是神所赐的异梦；一种是出自自己意念的梦。该梦一般是与自己迫切指望的某种事，或是苦思冥想的某种问题有关。另外还有顺着撒但的作工而做的梦。故盲目将自己做的梦说成是神所赐的梦，这在神面前也是极不妥当的。

还有这样一些人，明明是自己犯了罪，招致撒但的亵渎，遭遇了灾殃，却把这灾殃说成是神所降下的。而且，看到事情照着自己的心意进展，就说"这是神的祝福"，后来遇到难处，又说"是神拦阻了这件事"。他们滥用神的名，已是这样习以为常了。人信心的告白固然重要，但要有分辨：有些时候，人自以为是信心之告白，事实上是出于他爱出风头的虚荣心和轻率鲁莽的秉性，也就是盗用神的名，达到标榜自己的目的。

箴言3章6节说："在你一切所行的事上，都要认定他，他必指引你的路。"这话不是叫人随时随意提及神的名。其实，在凡事上越是认定神的人，提起神的名时，越是持以信实而谨慎的态度，竭力按真理而行。

我们若想不犯妄称神名的罪，就当昼夜思想神的话语，时常警醒祷告，保持圣灵的充满。这样才能凡事听清圣灵的声音，得到圣灵随时的指引，以助行为达到完全无可指摘。

凡事敬畏神必得尊荣

神做事精准无误，至微至细，从不敷衍；针对《圣经》上的每一个单词，都是如此。对圣徒们的称呼也是有讲究的，该称呼"弟兄们"的时候就称呼"弟兄们"，该称呼"亲爱的弟兄"的时候就称呼"亲爱的弟兄"，因为意义不同。还有《圣经》中的"父老啊"、

"少年人哪"、"小子们哪"等称呼，均包含着特定的意义，每样称呼所代表的信心程度都有所不同（哥林多前书1章10节；约翰一书2章12-13节；3章21-23节）。

关于三位一体神的名称也是如此。神的名在《圣经》中以多种形式呈现，如：神、耶和华、父神、弥赛亚、主、耶稣基督、羔羊、主的灵、神的灵、圣善的灵、圣灵等（创世记2章4节；历代志上28章12节；诗篇104篇30节；约翰福音1章41节；罗马书1章4节）。

尤其在《圣经》新约中，称背负十字架之前的耶稣为耶稣、拉比、师傅、人子等。但耶稣复活之后，其称呼改成"耶稣基督"、"主耶稣基督"、"拿撒勒人耶稣基督"等；"基督"或"主"包含着救世主的意义（提摩太前书6章14节；使徒行传3章6节）。

"耶稣"这一称呼中包含着"要将自己的百姓从罪恶里救出来"之意。由于耶稣背负十字架之前，尚未完成救世主的使命，故称"耶稣"。然而，当祂完成救赎的旨意之后，便被称为"基督"，意即救世主。

完全的神，希望我们在主里面的言行，精确得当，无可指摘。提及神至尊之圣名时，更当合乎情理，精准无误。撒母耳记上2章30节后半节说："……尊重我的，我必重看他；藐视我的，他必被轻视。"

我们若从内心里尊重神，非但不会妄称神的名，反而在任何事上都会敬畏神。希望大家时常警醒祷告，察验自己的心意，活出神的荣耀。

第四诫

当记念安息日，
守为圣日

出埃及记20章8节-11节

当记念安息日，守为圣日。六日要劳碌作你一切的工，
但第七日是向耶和华你神当守的安息日。
这一日你和你的儿女、仆婢、牲畜，
并你城里寄居的客旅，无论何工都不可作，
因为六日之内，耶和华造天、地、
海和其中的万物，第七日便安息，
所以耶和华赐福与安息日，定为圣日。

身为接待耶稣基督的神的儿女，应遵守的最基本的诫命，就是"圣守主日"和"奉献完整的十分之一"。奉献完整的十分之一，是承认神对物质世界之主权的信仰表征；圣守主日，亦即圣守安息日，是承认神对属灵世界之主权的信仰表征（以西结书20章11-12节）。

凡真心承认神对灵肉两界之主权，凭信心而行的人，必蒙神的保守，免遭一切灾殃、试探和患难。有关完整十分之一的内容，要在第八诫命证道中详细讲解。这里先要具体探讨有关圣守主日的问题。

守主日为安息日的缘由

安息日是指主里面享安息的日子。创造主神，六日完成创世、造人之工，第七日便安息，这就是安息日的由来（创世记2章1节-3节）。

本来旧约时代的安息日是星期六。如今，犹太人依旧持守星期六为安息日。然而，在新约时代，安息日应当是星期日，这星期日又称"主的日子"，亦即"主日"。约翰福音1章17节说："律法本是藉着摩西传的，恩典和真理都是由耶稣基督来的。"马太福音12章8节说："……人子是安息日的主。"

那么，安息日为何从星期六改为星期日呢？因为星期日就是我们在耶稣基督里得享真正安息的日子。

因着首先的人亚当的悖逆，所有的人都沦落成罪的奴仆，没有真正的安息。必须"汗流满面才得糊口"，注定要经历流泪、悲伤、疾病、死亡。于是耶稣为了赎出我们脱离罪孽、苦难和死亡，披戴肉身，降世为人，被钉十字架，受死，埋葬，第三天打破死亡权势，从死里复活，成为复活初熟的果子。

耶稣解决人类罪的问题，给全人类带来安息的日子，正是星期日这一天。耶稣就是在星期日天未亮的时候，从死里复活，打开了拯救的大门。因此，在新约时代，我们守星期日，就是守耶稣完成救赎人类之使命的日子。

安息日的主——耶稣基督

耶稣的门徒们，因明白这一属灵的意义，就在主日守安息日。使徒行传20章7节记载："七日的第一日，我们聚会掰饼的时候……"哥林多前书16章2节记载："每逢七日的第一日，各人要照自己的进项抽出来留着，免得我来的时候现凑。"

神早已通过《圣经》旧约预示安息日的次日，即星期日将成为安息日。

"你晓谕以色列人说：你们到了我赐给你们的地，收割庄稼的时候，要将初熟的庄稼一捆带给祭司。他要把这一捆在耶和华面前摇一摇，使你们得蒙悦纳。祭司要在安息日的次日，把这捆摇一摇。摇这捆的日子，你们要把一岁、没有残疾的公绵羊羔献给耶和华为燔祭。"（利未记23章10节-12节）

神在这里吩咐以色列民，进入迦南地之后，将初次收获的庄稼向神献祭，但必须在安息日的次日献。这里"初熟的庄稼"灵意上是指复活初熟的果子耶稣基督；一岁、无残疾的公羊羔，亦是指神的羔羊耶稣基督。

这段经文预示：安息日的次日，即星期日，将自己献作挽回祭的耶稣成为复活初熟的果子，使得凡接待祂，信祂名的人，都能与祂一同复活，进入祂所预备的安息。因此，耶稣复活得胜的星期日，才是我们真正喜乐和感恩的日子，也是使我们得生命，走永生之路的有福的日子、真正的安息日。

"当记念安息日，守为圣日"

那么，神将安息日分别为圣，并吩咐自己的百姓圣守安息日的原因是什么呢？

就是要使在世受耕作，经历世间苦楚的人类，能够记念属灵的事。使他们不再定睛属肉世界中一切虚空之事，而时常记念万有和全人类的主宰——独一真神，永享属天的安息。

出埃及记20章9节-10节说："六日要劳碌作你一切的工，但第七日是向耶和华你神当守的安息日。这一日你和你的儿女、仆婢、牲畜，并你城里寄居的客旅，无论何工都不可作。"

于是犹太人在安息日，禁止一切他们认为是劳动的事，包括做饭、挪移重物、长途旅行等等。这些都是他们经过漫长的岁月承袭下来的古人的遗传，出于人意，并非神的旨意。

例如：犹太人为了抓住把柄控告耶稣，就指着一只手枯干的人，问耶稣说："安息日治病，可以不可以？"因为他们认为安息日医病也是一种劳动。

耶稣就对他说："你们中间谁有一只羊，当安息日掉在坑里，不把它抓住拉上来呢？人比羊何等贵重呢！所以，在安息日作善事是可以的。"（马太福音12章11-12节）并且立刻医好那一只手枯干的人。

神说的"安息"，不单纯意味着停工歇息。世人周末度假时，要么到郊外兜风，或者在家里消遣，这不过是肉体上的休息，不能借此获得真生命，故称不上是安息。我们只有正确认识"安息"的灵意，方能圣守安息日，领受神所应许的祝福。

神指的安息，不是属肉的安息，乃是属灵的安息。以赛亚书58章13-14节里，神亲口吩咐我们在安息日"不以操作为喜乐，……不办自己的私事，不随自己的私意，不说自己的私话。"换句话说就是在安息日不能寻求世俗之乐，而要把这日分别为圣，虔诚谨守。

在安息日，人不能被世上的事所累，应当来到主身体的圣殿，分享神的话语，以祷告与主交通，得享属灵的安息。而且通过圣徒间的交接，分享恩典，培养信心。当我们这样得享属灵的安息时，神必会使我们的信心日渐增长，灵魂日趋兴盛。

那么，我们具体怎样做才是圣守安息日呢？

第一，要渴慕神的祝福，预备相称的器皿。

安息日是神分别为圣的日子，是我们从神领受祝福的喜乐的日子。出埃及记20章11节后半节说："耶和华赐福与安息日，定为圣日。"以赛亚书58章13节说："……称安息日为可喜乐的，称耶和华的圣日为可尊重的，而且尊敬这日……"。

按照旧约的律法，守星期六为安息日的以色列人，在安息日的前一天，为安息日预备一切。提前做好安息日的饭食，出门在外地的人，周五晚上之前匆忙赶回家中。

我们应当效法他们这样的心志，主日到来之前要做好充分的准备。一周当中要警醒祷告，活出真理，行事为人要合神的心意。

因此，全守安息日的意义不仅仅在于将一天的时间献给神。一周当中要照神的话语生活，若有不合神心意的地方，立刻悔改归正，以洁净的心迎接主日，这才是全守安息日的实意。

参加主日礼拜的时候，当以感恩的心来到神面前，好像爱慕新郎的新妇，以激动的心情来见新郎。人若有这样的心志，自然提前沐浴洁身，梳妆理发，端正仪表，清理房间，细致入微。

本应提前预备主日穿的整洁的衣服。周六却消遣、享乐，甚至通宵达旦，影响第二天主日礼拜，这也是不行的。主日要好好保守己心不发脾气，不动怒，不造成负面心情，以充足的心灵和诚实拜神。

总之，主日来临之前，我们应当带着渴慕的心情，预备好自己的器皿，领受神的恩典，在主里面得享属灵的安息。

第二，要把主日一天完全献上。

信神的人当中，有这样一群人，只献上午大礼拜，下午礼拜就不献了，去忙私事，游乐消遣。然而，从心底里敬畏神的人，就会将主日这一整天分别为圣，完全向神献上。他们礼拜缺席，去做私事，是由于心被世俗的情欲所占据，或关注属肉的事。

人带着这样的心态来到教会参加大礼拜，心思很容易被杂念所占据，因此无法全然蒙神悦纳。"礼拜结束赶紧回家休息。""跟朋友们玩，该多开心啊！""礼拜结束赶紧回去开店营业。"满脑子都是这些杂念，听道注意力不集中，不知不觉中打起瞌睡来了。

当然，若是一个努力专心敬拜神的人，因信心尚小，杂念侵扰，或者身体过于困乏，一时打了盹儿，神反而会对他体恤和怜悯，因为神知道各人信心的大小和心志取向。然而，一个信主已久的信徒、该有一定信心的人，若是礼拜上习惯性地走神、打盹儿，这在神面前是极为无礼的表现。

我们若想全守安息日，关键是我们的内心要归向神，否则是等于身到心未到。在主日，我们若用心灵和诚实敬拜神，我们的心全天向往神，神必悦纳我们心里的馨香。

为了全守安息日，除了礼拜时间的表现以外，其它时间的表现也很重要。"参加了礼拜，该做的事情做完了。"若是这么想，那么他所献的祭显然是义务性的。礼拜结束后，应当继续跟圣徒们进行交通，还可以做圣殿清扫、交通疏导、食堂服侍等侍奉，处处为神的国出一份力量。

所有的聚会完毕，回家歇息的时候，也不要玩赏娱乐，应该反复思考所听的道，在真理里面彼此谈论，分享恩言。像电视之类的最好不要看，但若真想看，应该看那些健康有益的节目，不要看那些引发邪情私欲的节目，还有寻求属世之快乐的娱乐节目。

这样，当我们在神面前尽力圣守主日，竭力做到一丝不苟，必蒙察看人肺腑心肠的神悦纳，得以领受所赐的喜乐与充满，得享真正的安息。

第三，不要做世上的事。

尼希米是波斯王亚达薛西时代的先知，时任犹大省长。他因深明神的旨意，重建沦为废墟的耶路撒冷城墙，督促百姓彻底守安息日。

在其执政时期，严格禁止安息日作工，甚至撵走那些在城门外过夜，等到第二天安息日结束要进城做买卖的人们。

尼希米记13章17-18节说："你们怎么行这恶事，犯了安息日呢？从前你们列祖岂不是这样行，以致我们神使一切灾祸临到我们和这城吗？现在你们还犯安息日，使忿怒越发临到以色列。"

干犯安息日是否认神对属灵世界之主权的明证，也是不相信神对圣守安息日的人所应许的祝福。公义的神，便无法保守他们，他们自然陷入灾殃的痛苦中。

如今也是如此。神叫我们六日劳碌作我们一切的工，第七日要安息。我们若记念安息日，守为圣日，神必使我们六日期间获得七天的收入，甚至连摇带按，上尖下流，富富有余。

出埃及记16章记载：神每天将吗哪降赐给以色列百姓，第六日赐平日的加倍，使他们能够预备安息日。百姓中有的顺着贪婪，安息日出去收吗哪，却是徒劳无功，空手而归。

这一灵界的法则，如今也同样适用。神的儿女若在安息日上班作工，或许一时获利匪浅，但终究因各种原因损失财物，超过原来的收入。目前看似得利，但因不蒙神的保守，会遭遇意外事故，或疾病缠身等，反而得不偿失。

但那些记念安息日，守为圣日的人，一周的时间，神必用火焰般的眼目保守他们，并指引他们凡事亨通。并用圣灵的火垣彻底围护他们，使仇敌魔鬼、撒但无从搅扰，任何疾病无隙可乘，使得工作、事业祝福满溢。

所以神将守安息日列入十诫中，甚至在律法上规定：因安息日作工被抓的人，要处以乱石击杀的极刑，借以使众人铭记安息日的重要性，不至走向灭亡之路（民数记15章）。

我初信到至今，始终彻底遵守安息日。开拓教会之前，我曾经营书屋，每到主日很多顾客来到店里要借书、还书。"今天是主日，不营业。"我每次都这样把他们打发走，彻底杜绝主日经商。然而，这一举措并没有使我受到任何亏损，反而在六个工作日之内，神赐我更丰盛的祝福。

允许安息日作工或做买卖的情况

查考《圣经》可以发现也有允许人在安息日作工或做买卖的情

况。那是关乎成就主的圣工，或拯救生命的善事。

马太福音12章5-8节说："再者，律法上所记的，当安息日，祭司在殿里犯了安息日，还是没有罪，你们没有念过吗？但我告诉你们：在这里有一人比殿更大。'我喜爱怜恤，不喜爱祭祀。'你们若明白这话的意思，就不将无罪的当作有罪的了。因为人子是安息日的主。"

祭司在安息日宰杀祭牲，焚烧谷物献祭等圣事不算为劳作，照样，凡在安息日的主里面所行的事，都不是干犯安息日，神也不以为有罪。

例如：由于教会尚未具备食堂，不能给那些整天在教会里忙碌的诗班或教师们提供午餐的情况下，可以把他们安排到外面的饭店进餐。耶稣基督是安息日的主，这顿饭是为主的圣工所买的，故不构成安息日做买卖。当然，若是能在教会里面解决，避免买卖是最好不过了。

还有一种情况是：为了给圣徒们提供便利，教会内部经营书店，或者小卖店，在安息日针对圣徒们出售物品。这也不属于犯安息日。书店里销售的都是主内的物品，如《圣经》、《诗歌》、讲道磁带等等，这些都是给圣徒们带来生命的物品。自动售货机，或小卖店销售物品，也都是旨在帮助圣徒们全守主日。而且，其收入，都将用于宣教、救济等善工上。

以军人、警察、医护人员等主日必须上岗的业种为例，这是属于保家卫国，救死扶伤的善事，故此神不以为他们犯了安息日。不过，即使是这种处境的人，也当记念安息日，一心一意向往神。倘若

当记念安息日，守为圣日

能行，就是向上司请示，或调换值日，要尽量守主日。重要的是人的心志。

如果一个圣徒，主日举行婚礼，应该怎么办呢？一个信神的人主日结婚，说明他是一个小信的人。如果教会谁也不去参加婚礼，会使那个圣徒跌倒，因此，在工人的立场上，做完礼拜之后，可以前去表示祝贺。

这不是因为没有信心而参加世上的婚宴，乃是因为恐怕一个比天下还要宝贵的灵魂跌倒所施的怜恤。但婚礼结束后仍和世人一同热闹、尽兴是不合宜的。

除此之外，还会有很多有关圣守主日的疑问，但只要领悟神的心意，便很容易得到答案。我们若是心中无恶，从内心里敬畏神，本着对灵魂的爱心行事为人，就能达到既不犯律法，又能在神里面得享真安息的境界，不像文士和法利赛人拘泥于古人的遗传，为其所束缚。而且靠圣灵的作工，我们可以在凡事上分清神的旨意，在真理里面得享安息。

只要儿女们遵守神的诫命，行祂所喜悦的事，他们一切所求的，慈爱的神就无不给他们成全（约翰一书3章21-22节）。随时将恩典浇灌与他们，赐予凡事亨通的祝福，并将他们引入至美的天国。

神正在为我们预备永恒的国度——荣美的天国，使我们将来在那无尽的喜乐与幸福中，与新郎主耶稣分享至大的感动与真爱，直到永永远远。这就是神所赐的真安息。但愿大家为此能够圣守主日，拥有更大的信心。

神的法度

第五诫

当孝敬父母

出埃及记20章12节
当孝敬父母，使你的日子
在耶和华你神所赐你的地上
得以长久。

这是因着连年内战（朝鲜南北战争），举国上下一片狼籍，满目疮痍，战争难民四处逃难时期的一则感人故事。时值隆冬，有一个临盆妇女，在逃难的途中，已经开始的产前阵痛愈来愈频繁，于是她小心翼翼地藏到一座桥底下。她躺在冰凉的地上，忍受着剧烈产痛，终于产下了婴儿。她抱着新生婴儿，将自己身上的衣服一件一件脱下，层层裹住那婴孩。

时隔不久，附近路过桥的一位美军士兵听到婴孩的啼哭声。循声摸到桥下，竟然发现有一具冻僵的女尸赤裸着身子蜷缩在那里，旁边一个被衣物裹得严严实实的婴儿在啼哭不止……这就是母爱，可以甘心为自己的孩子舍命！更何况神向着我们的永不改变的慈爱，会是何等长阔高深呢？

"当孝敬父母"

"孝敬"是指尊奉亲长之意愿，孝顺恭敬，精诚服侍。父母对我们有着养育之恩；没有父母，就没有我们。人的良心作此见证。故即便没有十诫之训诲，善人照样会顺着纯净的良心孝敬父母。

神赐"孝敬父母"的诫命，是叫人照着以弗所书6章1节所说"你们作儿女的，要在主里听从父母，这是理所当然的。"在神的话语里面听从和孝敬父母。但为了讨好父母而悖逆神的道，这不是真实的孝敬。

父母若阻止你去参加主日敬拜，说："今天别上教会了，一家人好好团聚团聚。"怎么办？若是为了讨父母的喜欢就顺从父母的意思，这不是孝敬，乃是干犯安息日，携父母一同走向败坏。

体贴肉体而顺服父母，不明是非而违背神命，这样的孝敬无论看似多么美好，终究还是走向地狱，这怎能说是爱自己的父母呢？真正的孝敬体现在自己首要遵行神的旨意，直到感化父母的心，同走天路历程，直至进入神的国度。

历代志下15章16节记载："亚撒王贬了他祖母玛迦太后的位，因她造了可憎的偶像亚舍拉。亚撒砍下她的偶像，捣得粉碎，烧在汲沦溪边。"

一个太后——一国之母，其拜偶像，敌神的行径，非但毁了自己，还会影响通国百姓陷入拜偶像的罪中，败坏沦丧。于是，亚撒王不徇祖母情面，公开将太后之位罢贬，促其悔改归正，作为警世之鉴。

虽然贬了太后之位，但亚撒并没有忽略作儿孙尽孝的本分，他一定是对祖母诚然恭敬孝顺，与他爱其灵魂的心相称。

总之，对父母的真正的孝敬体现在引导父母蒙救恩进天国。若父母是信神的，那么就应当尽心帮助他们进入更美的天国，在主里面竭力服侍，取悦父母心。

神是我们灵里的父母

"孝敬父母"这话，也包含着"孝敬神，遵行祂诫命"的意义。

打心底里孝敬神的人，自然孝敬父母；诚心服侍父母的人，自然尽心竭力侍奉神。然而，从次序上讲，侍奉神是第一要紧的。

比如说：爸爸叫儿子向东走，那么儿子应当遵父东行。但此时爷爷叫他不要东行，返向西行，那么他应当到父亲那里告诉爷爷西行的吩咐，然后东转西行才是合理。

父亲若是孝敬爷爷，不会因着儿子以爷爷的吩咐当先，心里不快，以为儿子在藐视自己。人际关系中尚且如此注重长幼、上下次序，以长辈的吩咐当先，何况我们与神之间的关系呢？

神创造了人类，并赋予了生命，包括我们的父亲、祖父，乃至始祖。人成胎是因着父母精子和卵子的的结合，但其根本生命之种，乃是神所赋予的。

我们所看见的身躯，不过是我们灵魂暂时居留的帐幕，只是我们在世生存所需的。其实我们身躯里面的灵魂才是真我，亦即我的主人。无论科技怎样发达，也无法复制人类灵魂。人或许可以采取人体细胞，复制出人的形体，但神不把灵魂放在里面，复制出来的形体便不能算是一个真正的人。

神是我们灵魂真正的父母。人既然明白这个事实，不仅要孝敬自己生身父母，更要爱并服侍我们生命的源头——父神。

凡知道这一真理的父母，不会因为是自己所生，就对儿女任意待之。他们因为知道儿女是神所赐的产业，是宝贵的灵魂，所以照着神的旨意养育他们，正如诗篇127篇3节所说"儿女是耶和华所赐的产业，所怀的胎是他所给的赏赐。"

怎样孝敬灵里的父母——神

那么，怎样才是对我们灵里的父母——天上的神的孝敬呢？

孝敬父母的人，都是极力体贴父母的心意，顺从父母的话，取悦他们的心，照样，敬畏神的人也会谨守遵行神的话语，显出爱神的凭据。

正如约翰一书5章3节所说"我们遵守神的诫命，这就是爱他了，并且他的诫命不是难守的。"对真正爱神的人而言，遵守神的诫命，乃是件喜乐、幸福的事。

"诫命"是指神在《圣经》66卷书中记录的话语，分为四类：有当行的：如彼此相爱、饶恕、和睦、服侍、祷告等；有不可做的：包括不可恨人、定罪、骄傲等；还有该离弃的：如除去污秽、脱去罪恶等；还有该遵守的：如守安息日等。

这样遵行神在《圣经》上的话语，发出基督馨香之气，便是孝敬神——我们灵里的父。

敬畏神并且爱神的人，自然爱并孝敬自己生身父母。因为神的诫命包罗万象，对父母的孝道、兄弟和睦友爱之道，都包在其中。

我们应当自省，是否以爱神、热衷于主工为由轻忽对父母的关爱？是否对主内的弟兄姊妹谦卑为怀，笑容相待，可回到家中面对父母和家人就口气生硬，轻慢无礼？是否因觉得年老的父母说话糊涂，就感到郁闷，待之以轻蔑的言行呢？

当然由于时代、文化、思考方式的差异，与父母出现歧见是在所难免的，但我们应当先尊重父母的意见，尽管自己的观点与父母不一致。即使我们想得对，只要父母的见解不违背真理，我们应当做出让步。

我们长大成人，跟父母无私的爱与舍己的牺牲是密不可分的，故我们不能失掉孝敬之心。有人说父母一辈子对自己没有付出过什么，所以很难孝敬父母。但就算父母对你未尽作父母的义务，孝敬生身父母仍是天经地义的。

爱神的人必然孝敬父母

爱神和孝敬父母，这两者并不是互不相干的。约翰一书4章20节说："人若说，'我爱神'，却恨他的弟兄，就是说谎话的；不爱他所看见的弟兄，就不能爱没有看见的神(有古卷作"怎能爱没有看见的神呢？")。"

人若不爱自己的父母、弟兄，却说爱神，这是谎言，是假冒为善。马太福音15章4-9节中记载耶稣责备假冒为善的法利赛人和文士的情形。照他们恪守的古人的遗传，说当奉给父母的，已经作了供献，就可以不孝敬父母。

这显然是违背神"孝敬父母"的律法。并且这是出于他们以向神供献为借口，占取当奉给父母之供养的险恶用意。诚心爱神并敬畏神的人，必然本着爱心去孝敬自己肉体的父母。

即使是未曾爱过父母的人，也会随着渐渐领悟神的慈爱，相应地领悟到父母的爱。我们若进入真理，脱去罪恶，以至全守神的道，真爱就成形在心里，以至能够诚然服侍自己的父母。

守第五诫命所带来的祝福

神针对那些爱父母并孝敬父母的人赐下了祝福的应许——出埃及记20章12节说："当孝敬父母，使你的日子在耶和华你神所赐你的地上得以长久。"

这并不单纯指在世长寿，也包含另外一种意义，就是在真理里面敬畏神，孝敬父母的人，是灵魂兴盛的人，灵魂兴盛的人必然凡事兴盛，身体健壮，常蒙神的保守，满得神的祝福。"使你的日子在地上得以长久"这句话囊括人在地上一切的美福，如免遭意外事故，或灾殃；家庭、工作、事业蒙福，凡事亨通等等。

要论蒙这一切福气的人，非《圣经》旧约中的人物路得莫属。路得是生活在摩押地方的女子。按肉体看，她是苦命的女人，前景黯淡。她嫁给了一个逃避以色列的饥荒，迁居摩押地的犹大人，却不幸早年丧夫，膝下无子。

公公也已去世，只留下婆婆拿俄米、妯娌俄珥巴和路得她自己，没有男人可以持家，前景一片灰暗。婆婆表示要回犹大故里，路得选择要跟着婆婆走。

拿俄米再三劝年轻的儿媳离开她寻求新的幸福，但路得执意不肯，决然跟着婆婆启程前往异国他乡犹大地，定意要终身奉养孤苦伶仃的婆婆。她爱婆婆如同自己亲生母亲，抛弃自己一切的幸福，尽了儿媳的孝道。

路得还有对神的信仰，是从婆婆所领悟的。路得记1章16节-17节里出现路得极为感人的表白：

"不要催我回去不跟随你。

你往哪里去，我也往那里去；

你在哪里住宿，我也在那里住宿；

你的国就是我的国，

你的神就是我的神。

你在哪里死，我也在那里死，也葬在那里。

除非死能使你我相离，

不然，愿耶和华重重地降罚与我。"

神垂听她这极其善美的告白，使她得享极大的祝福，尽管她是外邦女人。借着以色列的风俗，神使她与已故丈夫亲属中，一位德高望重而富有的人成亲，与心爱的婆婆共度幸福余生。

更重要的是，神使她成为大卫王的曾祖母，得享进入全人类的救主——耶稣谱系的荣耀。她因着在主里面孝敬父母，照神的约言，得到灵魂兴盛，凡事兴盛的祝福。

我们也当以爱神，侍奉神为至上，并且爱并孝敬父母，照着神"使你的日子在耶和华你神所赐你的地上得以长久"的应许，得享灵肉并举的丰盛的祝福。

第六诫

不可杀人

出埃及记20章13节
不可杀人。

牧会的过程中，我经常与圣徒们见面。除了指定的礼拜时间之外，圣徒们为了接受祷告、作美好的见证，或因爱慕听神的道，很多宣教会团契，有的整个一个家庭前来相聚。那时我会全力以赴给他们栽植信心，偶尔问他们这样一个问题：

"你们爱神吗？"

"是的，我爱神！"

圣徒们一般都满有自信地这样回答，这是因为他们未能确知"爱神"的属灵意义。我便提及"我们遵守神的诚命，这就是爱他了，并且他的诚命不是难守的。"这段约翰一书5章3节的经文，同时给他们讲述其中的灵意，然后，我再次提问，回答的声音就明显减弱了。

领悟神道所包含的灵意，这是至关重要的。十诚也不例外。

那么，第六诚命所包含的灵意是什么呢？

"不可杀人"

创世记第4章里出现人类历史上最初的杀人事件。亚当的儿子该隐打死了弟弟亚伯。那么，这个事件的起因是什么呢？

弟弟亚伯照着神的心意献上了"血祭"，该隐则随意顺便拿地里的出产向神献祭。于是神看不中该隐的献祭。然而，该隐非但不悔改自己的过错，反而对弟弟心生嫉恨，怒火中烧。

神看出该隐的心思，便对他说："你若行得不好，罪就伏在门前。它必恋慕你，你却要制伏它。"（创世记4章7节）然而，该隐未能制伏己心，最终犯了大罪。对此创世记4章8节记载："该隐与他兄弟亚伯说话，二人正在田间，该隐起来打他兄弟亚伯，把他杀了。"

据"二人正在田间"的描述，可以推断该隐蓄意寻求二人独处的时候，伺机杀害自己的弟弟。这并非偶发事件，是该隐将嫉恨情绪所滋生的杀意，乘机付诸行动，从这一点可以说明该隐的罪是很严重的。

该隐的杀人事件之后，人类历史长河中，充斥着血腥杀人事件。罪恶满盈的如今这个时代，一天发生无数次杀人事件。犯罪年龄也逐渐降低，犯罪情节也越发残忍，甚至常有父母杀害儿女，儿女杀害父母的事件发生。

害人性命——普遍意义上的杀人

杀人一般分为谋杀与误杀：谋杀是指具有目的性的蓄意的杀人；误杀则是指因为失误而伤人致死。按动机和情节的不同，杀人罪也有轻重之分，如怀恨在心故意杀人；以领保险金等为目的谋财杀人；交通肇事导致的杀人等等。还有不构成罪的杀人，如战场上杀伤，或正当防卫等。

《圣经》上讲：杀了趁着黑夜入室行窃的人，被认为是正当防卫，不构成杀人罪，但白天杀了窃贼，则被认为是防卫过当，就要受到相应的处罚。因为数千年前，神赐律法的时代与现今不同，针对白昼入室行窃的人，家主可以求得别人的帮助，将其赶走或捉拿。

防卫过度，神必追讨其流人血的罪，这是神公义和慈爱的体现——人生命的尊严和人权的神圣被轻视，无论任何时候，都是不允许的（出埃及记22章2节-3节）。

关于自杀和堕胎

擅自结束自己生命的自杀行为，在神面前，俨然构成杀人罪。对人生命的主权，唯独掌握在神的手中，自杀行为显然是藐视掌管人类生死祸福之神的主权，不能不算是重罪。

人自杀是因为不信神以及来世审判之缘故，不信神的罪，加上杀人罪，他们除了战兢等候可怕的审判，别无选择。

最近网民数量激增，频频出现受自杀网站的蛊惑而寻短见的人。据统计：韩国40来岁的人死亡率第一是癌症，第二是自杀。自杀已经成为严重社会问题。人类应当深悟：生命是属于自己的，但人无权决定自己的生死。再者生命的结束，并不等于是问题的化解。

接着探讨堕胎现象。腹中的胎儿，他们的生命，也是唯独神来掌管的，因此，堕胎行为俨然属于杀人。

在罪恶满盈的现今时代，堕胎现象已是非常普遍，父母往往毫无罪意识地堕掉自己腹中的生命。杀害他人的罪尚且是残忍的重罪，更何况父母杀害自己的孩子，这是何等大的罪呢？

普遍意义上的杀人是显而易见的重罪，非但严重抵触国家法

不可杀人

律，在神面前也是构成重罪，必然遭受仇敌魔鬼、撒但所带来的诸多试探患难。

绊倒灵魂——属灵意义上的杀人

神视普遍意义上的杀人为重罪，属灵意义上的杀人更不例外。那么，属灵意义上的杀人具体都有哪些呢？

第一是以违背真理的言行，绊倒别人灵魂的情况。

"绊倒别人"是在别人行走时，使其脚步受阻而跌倒。在信仰里面，绊倒别人，是指使别人偏离真理；贻害他人。

例如：一个圣徒这样咨询教会的工人："主日有要事，缺席礼拜可以不可以？"此时工人若教导那圣徒说："事情既然如此重大，可以不守主日。"便是绊倒一个灵魂。

如果一个管理教会财务的圣徒问说："我有急事，暂且借用教会资金，几天内务必偿还，这样可以吗？"这时若教导他说："只要按期如数归还，就没有事了。"这就是与神的旨意背道而驰，导致绊倒人的结局。

若有人说："现今时代生活节奏这么快，怎能经常聚会呢？"这是误导，是反对真理，绊倒灵魂（希伯来书10章25节），仿佛瞎子领瞎子，一同落入坑中（马太福音15章14节）。

总之，属灵意义上的杀人就是指用违背真理的话误导别人，使其偏离生命之路。若是给羊群传递错误的信息，便会导致羊群陷入困境，遭遇试探患难，因此若要回答别人的问题，必须要向神祷告，得到圣灵的主管，或者去请教深明神心意的人，获得准确的答案。

除此之外，说不该说的话，或宣泄恶言，也会绊倒人，故也属于属灵意义上的杀人。宣泄恶言，对人论断、定罪；制造"撒但一会"，往来传舌，挑拨离间，这都是促使人彼此相恨，犯罪作恶的行径。

甚至有的人未经眼见，只凭臆测，到处诽谤主的仆人或教会，绊倒许多的人，这样的人必受神的审判。

还有的人则是因自身的恶，自己绊倒自己。尽管耶稣所行的尽都是真理，那些心地顽恶的犹太人、以价银三十两卖主求荣的加略人犹大等人，均属于此类。

因看到别人犯错而自己先起意念，这也是自己绊倒自己。这样的人，应当醒悟这是自己里面有恶的缘故。或有的人看到一个初信耶稣，尚未除去旧习的人，心想："信主的人怎么会这副德行？以后我可不去教会了。"这也是自己绊倒自己。他们跌倒，不是因着别人，而是自己里面的论断、定罪的恶性所使然。

有的人因得知值得自己信赖和尊敬的人行违背真理的事，就大失所望，离开神。他若是单单信靠和仰望神和主，就不至于跌倒，远离救恩的道路。

例如：有的人给自己信赖和尊敬的人作保，结果事有所误，陷入困境，致使双方绊跌扑倒。这是他并没有具备真信心的明证，也是不顺从神话语所导致的结果，应当为此认罪悔改。因为神明明教导我们不要给人作保（箴言22章26节）。

心存良善和真信心的人，看到别人的缺点，反而会施以怜恤，用爱心为他祷告，恒心忍耐和等候，直到他改变。

另外还有的人因神的道而跌倒。他们礼拜时间听到指罪的话语，对号入座地认为牧师是针对自己指罪，当着众人的面羞辱他，便大大伤心，从此远离教会。

当牧师讲道说十分之一是神的，奉献完整的十分之一，才能蒙祝福时，有的人就以为教会注重财物，心怀不平。还有的人听到有人见证神权能的神迹，因与自己的教养和知识抵触，心里觉得不合乎情理，随即入了迷惑，自己就跌倒了。

耶稣在马太福音11章6节说：“凡不因我跌倒的就有福了。”约翰福音11章10节说：“若在黑夜走路，就必跌倒，因为他没有光。”心存良善，愿意领受真理的人，绝不会因神光明的话语而跌倒，跌倒的人，就当知道其心中有黑暗。

总之，人跌倒的原因在于信心软弱，心里有恶。但绊倒人的人也有责任。传讲神话语的人，即使是再好的真理之言，也得按照对方信心的大小而智慧地传递。

对刚刚信主，领受圣灵的人，我们不能说“若想得救，你必须要戒掉烟酒。”或“主日千万不能开店营业。”“停止祷告会形成罪墙与神隔绝，你应该每天到圣殿祷告。”因为这就等于给吃奶的婴儿喂干粮、喂他吃肉。他们或许会勉强顺从，但这会对他们造成沉重的负担。他们觉得信仰生活太难，或许会干脆放弃信仰。

马太福音18章7节说："这世界有祸了！因为将人绊倒；绊倒人的事是免不了的，但那绊倒人的有祸了！"即使是为了对方，好言相劝，若那劝言导致绊倒人的结局，便是属于灵里的杀人，必遭相应的报应，承受各种试炼。

我们既然爱神，爱灵魂，就当谨慎自己的口，除了恩言，造就人的话，其它一概不说。教导真理也当三思，能否给对方带来盼望、能否给对方加增行道的能力，免得给对方造成负担或伤害，以期能够将众人引向生命之路。

恨弟兄——属灵意义上的杀人

第二，恨弟兄也是属灵意义上的杀人。

约翰一书3章15节说："凡恨他弟兄的，就是杀人的。你们晓得凡杀人的，没有永生存在他里面。"

杀人缘自仇恨的恶根。人起初心生怨意，怨恨填膺，便向对方行恶，最后闹出人命。前面提到该隐的杀人悲剧，也是以他对弟弟的嫉恨为导火线。

马太福音5章21-22节说："你们听见有吩咐古人的话，说：'不可杀人'，又说：'凡杀人的，难免受审判。'只是我告诉你们：凡向弟兄动怒的，难免受审判(有古卷在"凡"字下添"无缘无故地"五字)。凡骂弟兄是拉加的，难免公会的审断；凡骂弟兄是魔利的，难免地狱的火。所以，你在祭坛上献礼物的时候，若想起弟兄向你怀怨，就把礼物留在坛前，先去同弟兄和好，然后来献礼物。"

人恼怒谩骂、争执斗殴、妒贤嫉能、论断定罪、揭短扬丑，都发自仇恨的心。以哄骗欺诈的手段坑害别人，也是源自仇恨的心。这样，凡仇恨所发的恶行均属于属灵意义上的杀人。

旧约时代，圣灵还没有降下来，因此人们自行心里的割礼，除罪成圣并不是件容易的事。然而，新约时代是圣灵时代；圣灵来到我们心里，赐我们除去心里罪性的能力。

圣灵是三位一体神中之其一，祂以无微不至的慈母情怀，时常赐我们悟性，叫我们认识父神的心意。并且使我们明白何为罪、义和审判；还使我们因着所赐的能力，活出真理，除净各样的恶事。

由此，神吩咐生活在新约时代的我们不可杀人，甚至命令我们将仇恨的罪根铲除净尽。我们若从心里脱去一切罪恶，取而代之填充属灵的爱，就可以全然住在神的爱里，尽享祂因着慈爱所赐的一切美福（约翰一书4章11-12节）。

我们若是爱弟兄，就不会看他的短处或过犯。即使对方犯了大罪，也会体恤怜悯，期待他将来的改变，勉励他重新得力。我们蒙恩得救，承受天国，就是因着当我们作罪人的时候，耶稣基督将这样的爱赐给我们。

故我们应当全守神"不可杀人"的诫命，主怎样爱祂的仇敌，我们也当怎样爱所有的人，以致能够在世的日子凡事蒙神赐福，在荣美的天国主爱永驻心间。

神的法度

第七诫

不可奸淫

出埃及记20章4节
不可奸淫。

坐落在意大利南部的维苏威山，偶而喷出火山蒸汽，人们戏称此景为庞贝城的景观增添异彩。

然而，公元79年8月24日晌午时分，持续几天的大地震动突然加剧，紧接着维苏威山腾起巨大蘑菇状黑云。随着轰隆一声巨响，火山口崩裂，喷射出极度高温的火山灰和岩浆，铺天盖地地降下来。瞬息间，成千上万的人丧生，幸存者拼命向海边逃奔。就在此时，又一轮不可思议的灾难席卷开来：高温热气和有毒气体乘着飙风骤然向海边扑袭，那些刚刚脱险，正要松一口气的庞贝市民，刹那间全部窒息身亡。这是《庞贝城的末日》一书中的一个片段。

庞贝城曾是个淫乱和偶像泛滥的纵欲享乐之都，其毁灭的情形仿佛所多玛和蛾摩拉的硫磺与火的审判。这个事件清晰地反映出神对邪淫和拜偶像的憎恶程度。神如此这般的心意，在十诚中也清楚地呈现。

"不可奸淫"

奸淫是指非夫妻关系的男女发生性关系。从前，奸淫被认为是伤风败俗，伤天害理之事，但如今却是怎样呢？随着电脑的普及与网络的发达，从成年人到小学生，很容易接触到淫秽色情内容。

大众传媒——电视或电影，无不充斥着情色内容，甚至连小孩子们爱看的卡通漫画也未能幸免。社会上性道德急速败落；过度裸露已成为一种流行和时尚。

下面分三个部分探讨"不可奸淫"这第七诫命所包含的意义。

行为上的奸淫

现代人的意识形态已不能跟往昔相比，电视连续剧或电影中美化奸淫的现象已是很普遍了。未婚男女以彼此的婚誓为由便轻易向对方许身，婚前同居已然成风。婚外恋也很普遍；不分男女至少有一个婚外情人已是公然话题，性经验的年龄层也越发趋于低龄化。

查考包含十诫在内的旧约时代的律法可以得知，神针对行淫的人，施以严厉的惩罚。神本为爱，但因奸淫是一宗绝不可容忍的大罪，便彻底杜绝和警戒。

利未记20章10节说："与邻舍之妻行淫的，奸夫淫妇都必治死。"尤其在新约时代，肉体的奸淫是摧毁身体和灵魂的极重之罪，《圣经》明确指出行这等事的人不能承受神的国。

"你们岂不知不义的人不能承受神的国吗？不要自欺，无论是淫乱的、拜偶像的、奸淫的、作娈童的、亲男色的、偷窃的、贪婪的、醉酒的、辱骂的、勒索的，都不能承受神的国。"（哥林多前书6章9-10节）

这些若是发生在对真理懵懂无知的初信徒身上，神会给他悔改的机会。但一个自称有信，具有一定的信仰经历，对真理有一定认识的人若是在这等事上屡犯不改，便很难领受悔改的心。

利未记20章13-16节里，神严禁人兽交合、同性苟合等邪淫。现今有些国家法律上已经认可同性婚姻，这在神面前是极为可憎的事。有人说时代不同了，观念也要更新，但无论过了多少岁月，神的道，即真理是永不改变的。我们身为神的儿女，绝不能随从世俗的风气，玷污自己。

心里犯的奸淫

神说的奸淫，不单纯指行为上的。在行为上呈现的奸淫，是大家所公认的奸淫，但嗜看不伦之事，借以取乐，并且加以想象，也是属于奸淫。

先浮现淫乱的意念，继而怀藏在心里，这就是心里犯的奸淫。在神看来，人即使没有行淫乱的事，只是看见妇女动了淫念，就已经与她犯了奸淫，因为神是察看人肺腑心肠的。

马太福音5章27-28节说："你们听见有话说：'不可奸淫。'只是我告诉你们：凡看见妇女就动淫念的，这人心里已经与她犯奸淫了。"人行为上的犯罪，都是从接受邪念，心怀罪孽开始的。人若不怀恨，就不会加害于人；若不怀怒，就不会对人动怒或谩骂。

同样，心怀淫念，随时都有可能发展成行为上的奸淫。即使没有在行为上呈现，但心怀淫念本身就是奸淫，两者是同一罪根所生。

记得我在读神学一年级的时候，素来对待牧师们如同尊敬主

不可奸淫

一样的我，在一次研习会上听到牧师们交谈的内容，大为吃惊。经过一番关于奸淫的热烈讨论之后，他们下的结论居然是："除非是故意的，人产生淫念不算为罪。"

神赐"不可奸淫"这一诫命给我们，岂不是因我们可以守得住吗？既然耶稣说"凡看见妇女就动淫念的，这人心里已经与她犯了奸淫"，那么我们理当将淫念从心中除去净尽。当然靠人是不能，但只要恒切祷告，禁食，领受神的能力，就连心里的奸淫也能除去净尽。

耶稣头戴荆棘冠冕，流出宝血，就是为了赦免我们从心思意念上所犯的罪；神赐圣灵给我们，也是为了帮助我们除净一切心里的罪性。那么，我们怎样才能离弃心里的奸淫呢？

除去心中奸淫的阶段

比如说：见到俏丽的女人或俊美的男人路过时，产生了"真漂亮！好英俊！很想认识一下"的念头。人们往往不认为自己是在犯奸淫。但严格来讲，这其实就是源于奸淫的属性。为了离弃这一奸淫的属性，必须要坚持不懈地做出抵挡罪，离弃罪的努力。

一般而言，一些事情人越不想去想它，它就越执拗地浮现出来。比如：看了电影中男女间不道德的勾当。这一情形便总是在脑海中浮现，挥之不去。这种记忆的持久与短暂，取决于当时感受之强烈程度。

为了离弃意念上犯的奸淫，具体应该怎么办呢？首先努力不看激发淫念的电脑游戏、杂志等淫秽物，若是淫念产生了，就当立刻改换意念的取向。一旦淫念浮现了，就当立刻掐断，免得继续发展下去。

　　然后将意念转换成神所喜悦的真理的意念、良善的意念，并热切地祷告，就可以领受属天的能力，以至掐断淫念。这样，以自身的努力恒心火热地祷告，就能领受神的恩典与能力，以及圣灵的帮助，能够迅速脱去奸淫。

　　这里重要的是本着信心持之以恒的祷告，试行一两次，失败就放弃，这是不可取的。无论是一个月，还是一年、两年、三年，只要信靠神，恒切祷告，最终必然离绝奸淫这个罪性。

　　经过这种不懈的努力，通过了能够掐断意念的阶段，就可以达到治理己心的境界。人到了这个境界，即使看到淫乱的情形，只要定意不想，就可以不想。心里的奸淫是顺着感觉产生的意念所引发的。因此，人只要具备控制意念，断绝思路的能力，在他的心里，罪就无机可乘了。

　　通过了这个阶段，人就可以进入"淫念压根不产生"的境界。进入这种境界，即使看见淫秽的场面，也丝毫不会产生淫念，因此心里不会出现奸淫的欲望。进而可以达到"无欲"之境界。

　　人达到这种境界，就是刻意要激出淫念，也是不能浮现。因为已经从心里除净了根本罪性，所以可激发淫念的事，即使看见，或听见，也不会在意念上犯罪。他们因为完全与负面的感觉隔绝，非真理的意念根本就不会产生。

当然，在这样离弃罪性的过程中，人会经历这种情形：自以为一定程度上离弃了某种罪性，碰到某种相似情形时，其罪性又重新呈现。

然而，真正心里相信神的道，努力离弃罪恶的人，是不会停留在原来的状态的。好比人剥洋葱，剥去一层，再剥去一层，一层层剥下去，但只要不放弃，坚持剥下去，最终便无有所剩了。

"我无论怎样努力也是徒劳无功；罪恶依旧残留在心里。"用信心的眼光展望自己的未来的人，是不会这样灰心绝望的，他们反而会带着"一份努力，一份更新"的确信，奋力向前奔跑。他们发现了恶，便会感恩，因为知道有恶事呈现，绝非无中生有，乃是心中尚有潜藏的恶性残留的明证。

人在这种竭力离弃奸淫的过程中，即使淫念一时在意念中呈现，神也不会认为他犯了奸淫罪。人若把乘虚而入的淫念，继续接纳，任其发展下去，便构成大罪。但若在醒悟的同时，立即悔改，并努力全然成圣，神必赐他恩典与能力，便可得胜有余。

属灵意义上的奸淫

肉体的奸淫和心里的奸淫，是普遍意义上的奸淫，但有比这更可怕的，便是属灵意义上的奸淫。"属灵意义上的奸淫"是指一个信神的人爱世界胜过爱神。肉体的奸淫，寻根究底也是因为不爱神，亦即爱世俗的邪情私欲过于爱神的缘故。

歌罗西书3章5节-6节说："所以要治死你们在地上的肢体，就如淫乱、污秽、邪情、恶欲和贪婪，贪婪就与拜偶像一样。因这些事，神的忿怒必临到那悖逆之子。"正如这段经文所说的，我们即使领受了圣灵，又亲身经历神的大能，具备了信心，若不从心里除去贪婪，自然还会爱世界上的事胜过爱神。

前面论到第二诫的时候，说明爱某种事物胜过爱神，便是属灵意义上的拜偶像。那么，属灵意义上的偶像和属灵意义上的奸淫，这两者有何区别呢？

如果说不认识神的人侍奉人手所造的某种物像，这是普遍意义上的偶像，那么，一个信神的人，由于信心还软弱，爱世界上的事胜过爱神，这就是"属灵意义上的偶像"。

初信的人由于信心不足，他们爱世界胜过爱神是有情可原的。"神真的活着吗？天国和地狱真的存在吗？"他们因为心中还残留着这些疑惑，所以要想活出神的道并非易事。他们会一边信神，一边拜属灵意义上的偶像，比如照旧爱钱财、名利过于爱神，或者爱家人过于爱神等。

然而在不断地听道、祷告的过程中，一步步经历神的应允，便逐渐认识到《圣经》之道的真实性，并且对天国和地狱的信心得以坚固，逐渐认清人为何要以爱神、侍奉神为至上的道理。然而，人若具备了这样的认识和信心，却仍爱世界胜过爱神，继续迷恋属世的事，便是"属灵意义上的奸淫"。

比方说：一个男人只是心里爱慕一个女人，认准她是自己最理想的终身伴侣，然而这个女人后来跟别的男人结了婚，那么，这女人就不能算是犯了奸淫。因为这个男人只是单相思而已，女人与这个男人毫不相干，因此不成立奸淫的说法。更进一步说，对这个男人而言，这个女人曾是他心目中的偶像。

反之，一对男女，彼此交往一段时间，彼此确认对方的爱之后结为夫妇。若是这个女人红杏出墙，与别的男人苟合，便是犯了奸淫。这样，属灵意义上的偶像崇拜和属灵意义上的奸淫貌似雷同，其实有着明显的区别。

以色列百姓和神的关系

《圣经》将以色列百姓和神的关系描述成父子关系，但有时还比作夫妻关系；表示神的子民与神的关系仿佛海誓山盟的夫妻。然而纵观以色列历史，反而充斥着以色列百姓对神背信弃约，去侍奉外邦神的悖逆事件。

外邦人不认识神，他们拜偶像是出于无知。然而以色列百姓则不同，尽管他们对神有清楚的了解，却顺着心中的贪婪接受迷惑，去侍奉虚神偶像。

对此历代志上5章25节说："他们得罪了他们列祖的神，随从那地之民的神行邪淫，这民就是神在他们面前所除灭的。"表示以色列民崇拜偶像的行为等同于属灵意义上的奸淫。

耶利米书3章8节也提到："背道的以色列行淫，我为这缘故给她休书休她。我看见她奸诈的妹妹犹大还不惧怕，也去行淫。"所罗门的犯罪，导致其子罗波安当政时期，国家分裂成北朝以色列和南国犹大。

到了新约时代，神的儿女都是耶稣基督的新妇。因此，使徒保罗表示自己把圣徒们许配一个丈夫，要把他们如同贞洁的童女献给基督（哥林多后书11章2节）。

总之，从灵意上讲，称主为新郎的我们若是迷恋世界，妥协非真理，便是犯奸淫（雅各书4章4节）。经过婚誓结成一体的夫妇，一方犯了肉体上的奸淫尚且彼此难以饶恕，更何况背叛神和主，犯属灵意义上的奸淫，其罪该是何等严重呢！

耶利米书11章里，神针对灵里行淫的以色列说："不要为这百姓祈祷，不要为他们呼求祷告。因为他们遭难向我哀求的时候，我必不应允。"

灵里的奸淫过了一定限度，人就无法听到圣灵的声音，祷告也没有果效。他们因此渐渐远离神，越发沉溺于世界，以至犯肉体的奸淫等至于死的罪，正如希伯来书第6章和第10章所记载的，他们把耶稣基督重钉十字架，明明地羞辱祂，以至走向灭亡之路。

故我们应当除去一切神所憎恶的灵里的奸淫、心里的奸淫、肉体的奸淫，使心灵成圣，行为纯正，全备作主新妇的资格，无瑕疵，无玷污，得神的喜悦，尽享蒙福的人生。

第八诫

不可偷盗

出埃及记20章15节
不可偷盗。

十诫与救恩有着直接的关系，是我们制伏仇敌魔鬼、撒但所必不可少的要道。对以色列百姓而言，守十诫与否，是决定他们是否成为神的选民的关键所在。

同样，对我们神的儿女而言，遵行神道与否，是决定我们得救与否的关键。因为这是衡量信心的标准，故与得救有着直接的关系。这是一道不可抗拒的神命，是神慈爱的表现，出自神赐福的意旨。

"不可偷盗"

俗话说"偷牛始于偷针"（韩国）：即使是不起眼的小错误，若是屡犯不止，最终会酿成大罪。于是神吩咐我们"不可偷盗"。

话说中国春秋战国时代鲁国宓不齐治理单父（今山东菏泽）之时，听到齐国发兵入侵的消息，宓不齐下令关闭城门。

时值秋收季节，百姓舍不得城外田间的禾稼，向宓不齐提议：与其禾稼被敌人洗劫一空，不如准人尽其所能任意收割。宓不齐不许，依然关闭了城门。百姓开始抱怨宓不齐，最终他涉嫌失策利敌，到王面前受审。宓不齐禀告王说：田间的麦子被敌军掠去实为令人惋惜，但百姓若是急乱之余，任意割取别人田里的麦子，这就等于纵容偷盗，必然导致民中偷窃抢掠成风，届时想让民心再恢复到本来的朴实，那不是三、五年办得到的。王听罢甚为叹服。

意思是：若是任由百姓到别人田里收割麦子，等于容忍偷窃行为，由此一发不可收拾，后果不堪设想。就这样，"偷盗"是指暗地里将他人之物取为己有的行为；是以不正当手段获取财物，达成不良之目的。

但神说的偷盗不单指这一层面，也包括更广泛的更深层的属灵意义。那么，神说的偷盗，都有那些呢？

将他人之物取为己有——普遍意义上的偷盗

《圣经》明文禁止偷盗行为，并明示偷盗人对被害人的赔偿规定（出埃及记22章）。

神在《圣经》中规定：人若偷了牲畜，若他所偷的牲畜仍在他手下存活，他就要加倍赔还；人若偷了牲畜，无论是宰了，是卖了，他就要以五牛赔一牛，四羊赔一羊。总之，别人之物——哪怕是微不足道的——人若取为己有，便是偷窃行为。这在社会上也被定性为犯罪行为，行窃者要受到相应的处罚。

除了这些明显的偷盗以外，还有人们未曾认知的容易忽视的偷盗。例如：日常生活中随意把别人的东西拿去使用。因为是亲昵的人，或因为是廉价的微不足道的物件，便觉得请示物主多此一举，故良心也不受任何谴责。

如未经许可使用丈夫或妻子的物件；在公司里任意使用同事的纸、笔，或其它办公文具等。若在万不得已的情况下，未经主人许可使用了什么物件，用完了就当立即归还原主，但有的人却不归还。这不仅给对方造成物质上的损失，也是一种轻视对方的无礼表现。这虽然不是该受国家法律制裁的大罪，但在神的眼里，这俨然也是偷盗行为。真正良心纯净的人，即使取用了别人不值一提的什么物件，也会受到良心的谴责。

除了这些偷窃抢掠的行为之外，以不正当门路收受他人之物也是属于偷盗。滥用职权，收受贿赂，就属此类。出埃及记23章8节里，神警告说："不可受贿赂，因为贿赂能叫明眼人变瞎了，又能颠倒义人的话。"

另外，巧宰顾客，牟取不当利益，也是属于偷盗。有良知的人，一定会对此感到愧疚。这虽不是暗地里取了别人之物，但明明是骗取了分外的利润，故成立偷盗罪名。

偷神之物——属灵意义上的偷盗

除了上述未经许可，取他人之物的偷盗以外，还有属灵意义上的偷盗，就是偷神之物。这与救恩有直接的关系。

以耶稣十二门徒之一加略人犹大为例，他当时身负管理钱库的职分，这些钱都是通过耶稣得医治，蒙恩典的人们所奉献的。然而，随着时光的推移，犹大的心里渐渐滋生贪婪，开始偷取钱库里的奉献款（约翰福音12章6节）。

约翰福音12章记载：耶稣在伯大尼西门家里坐席的时候，一个女人拿着一瓶极贵的香膏膏耶稣，此时加略人犹大抱怨说："这香膏为什么不卖三十两银子周济穷人呢？"其实这是出于其险恶用心，因为卖了香膏可以换大钱，换大钱可以中饱私囊。在犹大看来极贵的香膏就这么白白浇在耶稣脚上，心疼极了。

此后，加略人犹大沦落成金钱的奴才，最终以价银30两出卖了耶稣。他蒙召作耶稣的门徒，本来有机会将来得享尊荣的指望，但他反而财迷心窍，卖主求荣，犯了大罪，最终因得不到悔改的心，自绝性命，落得悲惨的下场（使徒行传1章18节）。

下面针对偷神之物进行具体探讨。

第一，挪用教会资金。

偷圣殿里的物件，即使是世人也会心存恐惧。然而，信神的人当中却有偷取奉献金的，这等人怎能说他有可得救的信心呢！

就算瞒得过人，却是难逃神的视线，行这样事的人必照公义，付出相应的代价。万一至终不得悔改，丧失救恩，该是多么可怕的事啊！届时就是捶胸悔叹也是为时已晚。故我们断不能在神的财物上犯错误。

第二，滥用圣物或任意使用教会资金。

即使没有直接偷取奉献金，若将宣教会的会费或捐资任意使用，这也是属于偷神之物的行为。另外，将因教会公事申请购买的办公设备，或文具类用于私人用途上，也不例外。

随意浪费以教会资金购置的物品；经申请提出来的资金，支出后不归还余额，用于其它用途；因着私事滥用教会电话，以及电器、备品等，也是属于任意使用教会资金。

还要防止孩子们戏耍，折损或撕毁奉献信封、周报，或教会报纸等。这些事情看似微不足道，但从属灵的角度讲，这也等同于偷神之物，成为与神之间隔断的罪墙。

第三，夺取十分之一和供物。

玛拉基书3章8节-9节说："人岂可夺取神之物呢？你们竟夺取我的供物。你们却说：'我们在何事上夺取你的供物呢？'就是你们在当纳的十分之一和当献的供物上。因你们通国的人都夺取我的供物，咒诅就临到你们身上。"

十一奉献是我们将收入的十分之一奉献给神的行为，以示我们承认神对物质世界的主权。就是我们相信并肯定神是我们生命的主宰的表证。因此，不献十分之一就是等于偷神之物，咒诅自然就临到身上。并不是神咒诅人，乃是人受撒但的指控，便得不到神的保守，遭遇各种试探、患难和疾病。

然而，当我们奉献十分之一时，必蒙神所预备的祝福和随时的保守，正如玛拉基书3章10节所记载："万军之耶和华说：你们要将当纳的十分之一全然送入仓库，使我家有粮，以此试试我是否为你们敞开天上的窗户，倾福与你们，甚至无处可容。"

偶有这样一些人，虽奉献十分之一，但因未能奉献完整的十分之一而得不到神的保守。他们只算工资收入的十分之一而不算附加收入，或者从工资里扣除税金等各项支出之后，奉献纯收入的十分之一。

但十分之一应当依着整体收入，而不能只依着月薪额度来计算。如副业收入、零花钱、被请吃饭、受赠礼物等也算是自己的收入，应当估算其十分之一，使所献的完整无缺。

有的人奉献收入的十分之一，却不以十分之一的名目献上，任意取代为宣教奉献或救济奉献。这种作法也是属于偷漏十一奉献。已奉献的十分之一款项，当由教会负责执行。我们向神奉献十分之一，必须以十一奉献的名目献上，而不能以其它名目代替。

供物是指除十分之一以外的一切感谢礼物。神的儿女们值得感恩的事多得不可胜数；蒙恩得救，承受天国，领受圣职，日攒奖赏，时蒙保守，常蒙赐福……这都是何等感恩的事呀！

正因为如此，我们每逢主日，不以空手朝见神，而将精心预备的感谢礼物奉献给神，而且每逢节期，或遇见特别感恩的事，就将分别为圣的礼物向神奉上，向保守一周平安的神表示谢恩。

在人际交往中，我们若是蒙了谁的恩，不仅对他心里感恩，还会极力去回报，我们若是真正感谢赐我们救恩，预备天国的神，自然乐意多捐，以表感恩（马太福音6章21节）。

一个人声称自己有信，却吝于向神奉献，这是他仍旧贪恋财物，爱财胜过爱神的明证。因此，马太福音6章24节说："一个人不能侍奉两个主。不是恶这个爱那个，就是重这个轻那个。你们不能又侍奉神，又侍奉玛门（"玛门"是"财利"的意思)。"

一个有一定信仰经历的人，若是依旧爱财胜过爱神，他的信心非但不长进，反而会倒退。所蒙的恩典也渐渐从记忆中消失，感恩的心也渐渐冷淡，退落到了夺取当纳的十分之一和供物的地步，最终恐怕连救恩都得不着。

神要的是我们发自肺腑的感恩和信心的馨香。神知道各人信心的水准，并对各人的处境和内心了如指掌，因此，对神来说，各人所奉献的额度大小并不重要。一个寡妇奉献了两个小钱，却蒙耶稣的称赞（路加福音21章2节-4节）。

可见我们只要讨神的喜悦，神必赏赐我们丰盛的祝福和感恩的条件，甚至超乎我们所献所行、所思所想。祂使我们灵魂兴盛，日日充满感恩的条件，并且照我们所献的，赐下三十倍、六十倍、一百倍的祝福。

我刚信主不久的时候，听到有关奉献十分之一和供物的信息，便立刻去顺从。七年的病苦岁月虽然给我留下了繁重的债务，但因感激神医治我全身疾病的恩典，我经常向神献上丰厚的礼物。当时夫妻俩一起打工，收入勉强够付利息，但我们一次都没有空手参加过礼拜。

这样信靠并顺从全知全能神的结果，神使我们几个月内还清繁重债务，并且按时赐福，供应所需，使我们绰绰有余。

第四，偷窃神的言语。

"偷窃神的言语"是指借神的名说假预言（耶利米书23章30节

-32节）。

有这样一群人，宣称听了神的声音，得了神的指示，如同算命的人，讲说将来的事。对事业倒闭的人，他们会说：你事业倒闭是神的美意，因为祂要拣选你作主的仆人。

他们做了梦或者看见异象，本是出于自己意念的，却说这是从神来的异梦、这是从神来的异象，这些均属于偷窃神的言语，也是等于妄称神的名。

当然，人若在圣灵的感动中领悟到神的旨意并宣告，这是值得庆幸的事，但之前人必须要省察自己行事为人是否合神的心意。因为神的声音并非任谁都能听见，唯独那些心中无邪恶的人才能听见。因此，人断不能随从私欲偷窃神的言语。

除此之外，当你自己享用某种东西的时候，若是良心受到谴责，或感到惭愧，就应当省察自己。圣灵在叹息，有扎心的感觉，无非是你顺着私欲在享用不属于自己的东西。

例如：除了偷窃物件以外，给人打工偷懒、溜号，或领受了职分、使命不担当……对于这些事，凡有良知的人自然感到愧疚。

另外，一个被神约束的人，若为私事任意占用与神约定的时间，给神的国造成损失，便是等于偷窃神的时间。除了神家的事以外，在公司里，或人际交往中，人也当信守约定，免得浪费别人的时间。

我们当凡事查验自己是否在偷窃的罪上有份，并要离弃一切私欲和贪婪，顺着纯善的良心，打造一颗信实、精忠之心灵。

第九诫

不可作假见证陷害人

出埃及记20章16节
不可作假见证陷害人。

耶稣被捕的那天晚上，在耶稣受审的地方，有一个使女认出彼得说："你素来也是同那加利利人耶稣一伙的。" 彼得大吃一惊，说："我不知道你说的是什么！" 就这样彼得一连三次不认耶稣（马太福音26章）。

当时的彼得并不是打心底里不认耶稣，只是因不胜瞬间袭来的恐惧而谎称不认识主。然而此后，彼得就出去以头抢地，失声痛哭，而且在耶稣背负十字架迈向各各他时，他在远处跟随，羞于抬头。

虽然这是他领受圣灵之前的事，但他因自己曾经作过的假见证，在殉道之时，自愿倒挂在十字架上受刑，因为他觉得自己不配像耶稣那样正挂在十字架上，尽管他自从领受圣灵之后，为主所托付的使命，至死尽忠。

"不可作假见证陷害人"

人说话，有必要的话，也有没用的话，还有伤害人或欺哄人的恶话。

假话是指不真实的话，骗人的话，是属于恶言。在生活中，很多人习惯性地说大大小小的谎言，却不以为然。就算是声称从来不说谎的人，其实他口中也充斥着谎言，只是自己执迷不悟罢了。

在暗处，人不易发现污秽，然而一旦明光照耀，一切尽显无遗，甚至连细微的灰尘，或模糊的斑痕也清晰可见，照样，作假见证的人，无一能逃得过神的眼目，因为神是至诚的神。

因此，神通过第九诫禁止人作假见证。"不可作假见证陷害人"，这里"人"包罗除我自己以外的所有人，包括父母、兄弟、儿女等等。

神说的假见证，具体指的是什么呢？以下分三个部分进行探讨。

第一，对他人说歪曲事实的话。

审判是显明假见证之危害的典型例子。证人在法庭上的证词会直接影响审判的结果，可以使无辜的人坐冤狱，甚至关系到人的生死存亡。

为了防止这种弊害，神叫审判官务要多听几个人的见证，认清事实真相再进行审断，使证人和执法者都能慎重为之。

申命记19章15节说："人无论犯什么罪，作什么恶，不可凭一个人的口作见证，总要凭两三个人的口作见证才可定案。"接下来的16节至20节中提到：若是见证人的假见证被发现，就叫那作假见证的人承受他企图陷害的那人险些受到的刑罚，以此严厉警戒假见证。

除了这种给对方造成重大损害的假见证以外，在日常生活中，有很多程度比较轻的假见证。另外，本该讲述实情的时候保持沉默，也是属于不诚实的行为。

自己犯了错误，别人在受冤，却因怕自己遭害而置若罔闻，怎能心安理得呢？神对我们所要求的不仅仅是我们不说假话，祂所注重的是我们内心的正直和言行的诚实。

有一种谎言叫做"白色谎言"或"善意谎言"，是出于为别人着想的善意，而非出于想要害人的恶念。这种谎言，神是怎样看待呢？

例如：有人问"吃饭了吗？"就回答说"吃过了。"这是出于不想给别人添麻烦的善意。但即便是这样，也应该说"我没吃，但我不想吃。"

"白色谎言"，在《圣经》中也能找到范例。

出埃及记第一章记载：迁至埃及的以色列民日趋繁茂，极其强盛，埃及王感到威胁，于是吩咐希伯来收生婆们说："你们为希伯来妇人收生，看她们临盆的时候，若是男孩，就把他杀了；若是女孩，就留她存活。"

但是收生婆们敬畏神，不照埃及王的吩咐行，存留了男孩的性命。埃及王闻讯，便召了收生婆来，诘问说："你们为什么作这事，存留男孩的性命呢？"她们就对法老谎称："因为希伯来妇人与埃及妇人不同，希伯来妇人本是健壮的，收生婆还没有到，她们已经生产了。"

当以色列初代国王扫罗嫉妒受百姓爱戴的大卫，想要杀他的时候，其子约拿单为了拯救大卫说谎欺骗父亲扫罗。

针对这种不带私欲的善意的谎言，神不会一味地认为这是说谎的罪。像希伯来收生婆那样，本着救人命的善意说假话，神非但不定人的罪，反而会施恩与人。但若进入全善的境界，我们就可以打动别人的心，便不必说谎也能得着出路。

第二，传人之言时加添和删减也属于假见证。

有的人传达别人之言时，顺着自己的想法和感觉，加添原来没有的内容，或省略一些部分，导致所传的话谬之千里。听人讲事情时，人们往往凭着主观感觉来领受。于是传话的时候，自然与原话的本意大相径庭。

即使一字不差地传递，按照语气和抑扬顿挫，还会呈现不同的意义。例如亲友之间带着爱心柔声说"干什么？"和声色俱厉地说"干什么？"两者给人截然不同的感受。

故我们无论听什么话，都不要凭着自己的感觉和情绪来领受；传达别人话语时，也当竭力正确传达本意。

但其中若有对人无益的，或引起负面作用的内容，最好是不要传。因为即使是出于好意说的话，万一使所听的人受到伤害，就反会导致离间人的结果。

马太福音12章36节-37节说："我又告诉你们：凡人所说的闲话，当审判的日子，必要句句供出来。因为要凭你的话定你为义；也要凭你的话定你有罪。"因此，我们在主里面，除了真理的话、爱心的话等良言善语，一概不说，一概不听。

第三，在不了解别人心意的情况下说论断、臆测、批判的话也是属于假见证。

许多人看到别人的表情或举动，就顺着自己的感觉和想法去论断别人的意图。说：这人说这话可能是出于如何如何的心态，或者说：他这样做分明是出于如何如何的意图。

当下属因着畏惧感不敢靠近上司时，上司会顺着自己的意念误解下属可能对自己怀有不满情绪，或者下属还把以前受到责备的事耿耿于怀。一个视力不好的人，由于走路的时候思考什么事情，对面有熟人走来也没发现就走过了，对方见此情形，心想："看见我也不打招呼，是不是对我有情绪？"

碰到同样的状况，每个人的感觉不同，意念不同；遇到同样的难处，承受能力也是因人而异的。看见生病而感到痛苦的人，心想"这点病算什么，真会装病。"人不能这样按照自己的标准去考虑问题。即使是亲密无间的朋友，也无法测透对方的心思意念。

按照自己的标准去揣摩，误解和论断对方，便会抱有情绪，或诽谤对方，这样的事在我们周遭比比皆是。对方根本不是那种心意，却按照自己的标准去论断，以致作出假见证，歪曲事实。有的人还把这样与事实相悖的话信以为真，去论断别人，说别人的坏话，与作假见证同流合污，殊不知这是何等愚妄之举。

将心比心，这是人们普遍的心理；自己曾在某种状况下发出了恶，以为别人处在同样状况下一定会像自己一样发恶；自己有欺哄的心，便猜疑别人是在欺哄自己；看见某种情形产生了邪念，便论断别人也会有同样的想法；自己有藐视别人的心，便经常误解别人的举动，并说对方傲慢，鄙视自己。

因此，雅各书4章11节说："弟兄们，你们不可彼此批评。人若批评弟兄，论断弟兄，就是批评律法，论断律法。你若论断律法，就不是遵行律法，乃是判断人的。"论断弟兄诽谤弟兄，就是出于要与神同等的骄傲的心。

说别人的坏话，动辄批评别人的人，当知道自己是在行比对方更大的恶。马太福音7章1-5节说："你们不要论断人，免得你们被论断。……你自己眼中有梁木，怎能对你弟兄说'容我去掉你眼中的刺'呢？你这假冒为善的人！先去掉自己眼中的梁木，然后才能看得清楚，去掉你弟兄眼中的刺。"

在此还有重要的一点，就是人绝不能动用自己的想法去论断神的话语。靠人有限的能力所不可能的事，神也能将其化为可能，因此人不能论断神的道说：这个不对，那个错了。

第四，夸大其词或轻描淡写也属于假话。

有这样一种情形，在没有恶意的情况下，顺着自己的意思讲述某种情形，要么夸张，要么删减，导致描述的情形与事实不符。例如：对方东西吃的多了，就说"都吃光了"；吃过后明明还剩了一些，仍要说"吃得一无所剩"。或者对某种事情，有两三个人意见一致，便说"都达成了共识"。

在生活中，这种人们未曾意识到的谎言多得不可胜数。

另外，还有一种情形是：在没有确认事实的情况下进行汇报，导致虚报、说假话的结局。

针对"公司共有多少员工？"的提问，回答："有四十名"，但经过确认，所报的数目和实际的数目不相符，便俨然构成谎言，尽管那是出于无意。最好答案是："虽不确定，但大概有四十人。"

当然这不是出于恶意的谎言，或刻意的论断。即便如此，人若有这种表现，应当察验自己本质上的问题。因为心里充满真理的人，说事从不任意加添或删减，即使在小细节上也是如此。

内里诚实的人认准事实，所言属实。因此，人若觉得自己在言语上不够诚实，就算程度不深，貌似不值一提，也应当承认自己在真理里面还未得完全、虚假的属性依然残留在心里。这样的属性，人若不离弃，当遇到危及生命的紧要关头时，有可能作假见证，陷害他人。

彼得前书4章11节说："若有讲道的，要按着神的圣言讲……"故我们应当火热地祷告，借助圣灵的帮助，杜绝一切谎言、戏语、闲话、空谈，单单按着神的圣言说话，力求言语诚实无伪。

第十诫

不可贪恋人的房屋

出埃及记20章17节
不可贪恋人的房屋;
也不可贪恋人的妻子、仆婢、牛驴,并他一切所有的。

大家听过《伊索寓言》中生金蛋的鹅的故事吗？

一位农夫得到了一只鹅。当他琢磨怎样处理这只鹅的时候，发现了一件惊奇的事。

——这只鹅居然下了一个金灿灿的蛋。此后，农夫每天早晨都能得到一个金蛋。农夫不由贪心起头，想要一下子得到鹅肚子中所有的金蛋。

他杀死了那只鹅，谁知鹅肚子里什么也没有。农夫幡然醒悟自己的过错，但已是后悔莫及。

人的贪婪就是这样无止尽。"江河都往海里流，海却不满"，照样，人即使应有尽有，也还是不满足。人一旦贪婪过度，即便富有也不知足，贪恋别人所有，贪婪驱使他见利弃义，犯罪作恶，败坏堕落。

"不可贪恋人的房屋"

"贪心"是指继续贪恋他人之所有，欲以不义之手段占为己有，或贪得一切属世之事的心。

大多数犯罪是以贪心为源头。说谎、偷盗、抢劫、欺诈、贪污、杀人等各种罪行，均源自贪婪这个罪性。除了对物质的贪婪以外，对名誉、地位的贪婪也是诸般罪行的起因。

贪心有时还会导致兄弟之间、父子之间、夫妻之间彼此为仇；贪心使人不喜欢真理，见到比自己富足的人就嫉妒和憎嫌。

正因为如此，神通过第十诫叫人警戒贪心这一犯罪温床。进而，神切愿我们能够单单思念上面的事（歌罗西书3章2节）。因为唯独追求永恒的生命，心中栽植对天国的盼望，得享真正的满足与喜乐时，我们才能除净贪婪的属性。正如路加福音12章15节所说"你们要谨慎自守，免去一切的贪心；因为人的生命不在乎家道丰富。"我们必须除去一切贪心，才能不至犯罪，得享永恒的生命。

贪心呈现为罪行的过程

贪心怎样以罪行呈现呢？

假如大家访问极为富贵的人家，看到以大理石修造的房屋气派宏伟，宽阔敞亮的屋内装饰高贵华美，摆设的珍品琳琅满目，会不由发出一声惊叹："哇~真美！"

然而，此时大多数人的意念往往会超出单纯的美的享受，"这样的房子好羡慕，我也想拥有，我也想享受这般富贵的生活……"当然一个信神的人不至于产生想要偷窃的念头，但至少通过"我也想拥有"的念头，贪婪之念悄然滋生在心里。

人怀揣着这种贪心，早晚会呈现为犯罪行为。雅各书1章15节说："私欲既怀了胎，就生出罪来；罪既长成，就生出死来。"信神的人当中，被心中私欲贪婪所牵引，犯罪作恶的大有人在。

约书亚记第7章出现因着贪婪被处死的人物，名叫亚干。约书亚接替带领以色列民出埃及的领袖摩西，奉神的旨意征服迦南。以色列民在约书亚的领导下攻陷了耶利哥城，约书亚警戒百姓说：耶利哥城和其中的所有的，都要在耶和华面前毁灭，其中一物都不可取，惟有金子、银子和铜铁的器皿都要归耶和华为圣，必入耶和华的库中，人不可擅取其中一物。

然而，亚干看见美好的示拿衣服，以及金子、银子的时候，就贪爱这些物件，便藏了起来。约书亚不知此事的发生，举兵攻打下一个目标——艾城。因为艾城是个小城，他们原以为不出多少兵力就可轻松攻取，然而却出乎意料地遭到惨败。于是约书亚向神求告，神就使他得知此次战败乃是因着亚干的犯罪。结果亚干和他所有的家眷，乃至一切牲畜都被杀尽。

列王纪下第5章里出现的基哈西，也是因着贪心至于灭亡的人。亚兰国的元帅乃缦，顺从以利沙的吩咐，到约旦河沐浴七回，大麻风得以洁净，便要将感谢礼物奉给以利沙，但以利沙坚决推辞。

于是基哈西追赶归国途中的乃缦，假装奉以利沙所差，从乃缦索取二他连得银子和两套衣裳，并藏了起来。当以利沙先知得知此事，询问他时，他却欺哄以利沙，后果是得了大麻风。

使徒行传第5章里的亚拿尼亚和撒非喇夫妇也属此例。他们原本打算变卖自己的田产献给神。当他们将卖地的钱拿到手中时，心就变了，把价银私自留下几分，其余的几分拿去交给使徒。他们随从心中的贪婪欺哄使徒，便是等于欺哄圣灵，于是经彼得斥责，就地断气死亡。

除去引人入死的贪心

我们当醒悟：贪心是将人引入死亡的大恶，应将贪财的心和邪情私欲，一概除去净尽。人在世上奢华宴乐，却丧了自己，有何意义？就是赚得全世界，却赔上自己的生命，又有什么益处？

即使在世未能享受富贵荣华，但若因信主名获得真生命，这才是真正富足的人。从路加福音16章的财主和拉撒路的比喻中，我们也可以得知何为真正的福气，就是离弃贪婪，领受救恩。

既不信神，又没有对天国之盼望的财主，迷恋世界，贪爱财物，身穿彩衣，奢华宴乐。讨饭的拉撒路则过着极为低贱的生活；他浑身生疮，被人放在财主门口，要得财主桌子上掉下来的零碎充饥；并且狗来舔他的疮。然而他从心底里敬畏神，指望天国。

最终在世的生命结束，讨饭的拉撒路被天使带去放在亚伯拉罕的怀里；财主死了，却被丢在阴间，永世受苦；在炙热的火焰中，就是要用指头尖蘸点水，凉凉自己的舌头也不成。

这个财主若能得到重返世间生活的机会，恐怕他宁可终身处于低微卑贱，也要甘心选择救恩的道路。人即使当初处在像拉撒路那样的窘境，若敬畏神，在光明中行，也会蒙神赐福，过富足的生活。

信心之父——亚伯拉罕，想要买下麦比拉田间的洞，安葬离世之妻撒拉时，田主要把它无偿转送给亚伯拉罕。但亚伯拉罕再三推辞，如数支付价银，买妥了那地。可见亚伯拉罕心中无一丝贪欲，非自己分内的好处，一概不取（创世记23章19节）。

亚伯拉罕以爱神为至上，单单顺从神的话语，凡事正直为人，从而蒙神赐福，在世长寿，儿孙满堂，人丁兴旺，且集富贵、长寿、美誉、权势等人在世所向往的一切美福于一身，并且满得属灵的祝福，甚至得称为"神的朋友"。

灵魂的祝福比物质上的祝福更重要

"这人看似热衷于信仰生活，但为何不蒙祝福呢？"偶有一些人对此感到困惑。但那些真正凭着信心，虔诚信神的人，必蒙神的应允，得享一切上好的福分。

神首先赐他们灵魂兴盛的祝福。正如约翰三书1章2节所说"亲爱的兄弟啊，我愿你凡事兴盛，身体健壮，正如你的灵魂兴盛一样。"除去心中的罪恶，谨守遵行神的诫命，行事为人配得称圣洁神的儿女，神必使他在世得享凡事兴盛，身体健壮的祝福。

灵魂还未兴盛的人得大财富，不能算是神的赐福。因为他会因资财丰裕而私欲怀胎，犯罪堕落，以至离绝了神。

他们往往处境窘迫的时候，竭诚爱神、倚靠神，并且发出热心，但自从事业红火开始，倾心迷恋世界，放纵邪情私欲，以繁忙为由远离神；收入微薄的时候，带着感恩的心奉献十分之一，但自从收入剧增，十一奉献的数目变大开始，反而觉得舍不得，心里作难。这样，随着心志的改变，渐渐与神远离，最终沦落成与世人无异的地步，可谓转"福"为祸。

然而，灵魂兴盛的人不贪恋世界和世界上的事，即使蒙神赐福，博得财富和名声，他们也不会因此而沉溺于世俗情欲。就算在世不得任何好处，他们也不会抱怨、不平，反而甘心为神舍弃自己所有的，甚至为主舍命也在所不辞。

无论处于何种状况，他们都能持守信心，以侍奉神为至上，将自己所蒙的祝福，用之于成就神的国和神的义之事上。灵魂兴盛的人，即使集财富、名誉、权势于一身，也不会放纵自己，享受罪中之乐，走向败坏的道路，因此，神可以尽情地倾福于他们。

故此，灵魂兴盛的祝福比那如雾暂显即逝的属世的福气更为重要，是我们最先要得到的祝福。

不可顺着贪欲妄求

一个人即使尚未得到灵魂兴盛的祝福，只要他殷勤随从仁义的道理，依着信心按时祈求所需的，神必给他充满，使他富富有余。"凡事都有定期，天下万务都有定时"（传道书3章1节），人往往求成心切，巴不得神立即就给自己显应，但神偶会叫人忍耐些许时间，要使人在最佳时机得蒙应允，领受加倍的祝福。

以真诚的信心祈求的人，无论求什么都会持之以恒，直到蒙应允为止。然而那些顺着贪欲祈求的人，无论怎样祷告，也得不到属灵的信心，终究得不到应允。

因为雅各书4章2-3节说："你们贪恋，还是得不着；你们杀害嫉炉，又斗殴争战，也不能得。你们得不着，是因为你们不求。你们求也得不着，是因为你们妄求，要浪费在你们的宴乐中。"顺着贪欲妄求的人，神不会成全他。就如儿女向父母要零花钱，若用在越轨的事上，父母绝不会依从他们。

故我们祷告不要依着自己的意思，乃要顺着圣灵的带领，方合神的旨意（犹大书1章20节）。圣灵参透神的心，连神深奥的事也参透，所以我们只要顺着圣灵的带领祷告，凡所求的必然快速成就。

那么，我们怎样才能顺着圣灵的带领，照神的旨意祈求呢？

首先要用神的道装备自己，并且谨守遵行，效法耶稣基督的心肠。我们若以基督耶稣的心为心，自然像主一样能够照着神的旨意祈求，所求的必然快速蒙神的应允。因为参透神心意的圣灵，主管我们的心，带领我们按着需求求告神。

马太福音6章33节说："你们要先求他的国和他的义，这些东西都要加给你们了。"故我们当先求神的国和神的义，其次再为自己所需的祈求。这样，当我们照着神的旨意祈求时，神必满足我们一切所需，使我们在世的日子里，丰盛有余，凡事亨通。

与此同时，还要向神专心恳切地献上诚实的祷告。靠着圣灵的帮助，日复一日热切祷告，心里的贪婪和一切罪恶就会迅速脱去，凡所求的都从神得着。

使徒保罗虽然持有罗马公民身份，又曾在当时极富盛名的教法师迦玛列的门下受教，但他并没有存心依赖这个世界，反而为主将自己所有的当作粪土丢弃。我们真正值得追求仰赖的，唯独是耶稣

不可贪恋人的房屋

基督的训诲——真理的话语。

我们即使这世界的功名利禄一应俱全，若是得不着永恒的生命，这些对我们有何益处呢？我们当效法使徒保罗，将那一切一概丢弃，一心一意遵行神的旨意，就可以得到灵魂兴盛的祝福，在天永享极大的尊荣，在地尽享凡事亨通的祝福。

但愿大家能够摒弃将人引向死亡的贪婪，学会凡事知足，一心盼望天国，生命中充满感恩与喜乐。

蒙神同在的路径

箴言8章17节
爱我的, 我也爱他;
恳切寻求我的, 必寻得见。

马太福音22章里，有一个律法师问耶稣说："夫子，律法上的诚命，哪一条是最大的呢？"

耶稣对他说："你要尽心、尽性、尽意，爱主你的神。这是诫命中的第一，且是最大的。其次也相仿，就是要爱人如己。这两条诫命是律法和先知一切道理的总纲。"

我们只要能够尽心、尽性，尽意，爱主我们的神，并且爱人如己，那么其它诫命便很容易守住了。

诚然爱神的人，是不会犯神所厌恶的罪，同样，爱邻舍如己的人，是不会加害与人的。

神赐律法的主旨

那么，神为何不对摩西说你要爱神，并要爱邻舍如己，却将神的法度一一指示摩西呢？

因为旧约时代和新约时代不同，他们没有圣灵的帮助，故很难由衷地爱人。于是神通过略带强制意味的律法，叫以色列百姓哪怕是从行为上能够敬畏神，爱自己的邻舍。

至此，具体探讨了有关神的法度——十诫的内容，从中可以发现十诫具有爱神和爱人两个层面的意义。

第一诫到第四诫之内容所代表的意义是："尽心、尽性、尽意爱主你的神"。内容包括：要侍奉创造主神为至上；不可雕刻偶像，不可跪拜、侍奉它们；不可妄称神的名；当记念安息日，守为圣日等，这些都是关乎爱神之方法的内容。

第五诫至最后第十诫则是与"爱人如己"相关的内容，包括孝敬父母、不可杀人、不可奸淫、不可偷盗、不可作假见证、不可贪恋别人之物等，吩咐人不可对他人行恶，加害与人。爱人如己的人，自然不愿意别人受苦，故这些诫命都不是难守的。

当从内心里爱神

神设立律法，并非出于专断，强迫人去遵守，乃是祂先向我们施行极大的慈爱，叫我们本着发自内心的爱心去持守，正如罗马书5章8节说："惟有基督在我们还作罪人的时候为我们死，神的爱就在此向我们显明了。"

为亲友，或为义人或仁人舍命取义，或者有敢做的，然而，神为赎出我们罪人脱离律法的咒诅，差遣自己的独生爱子到这地上，亲身担当我们的罪孽，舍命在十字架，显明了超乎公义的大爱。

并使接待耶稣基督为主的神的儿女，领受所赐的圣灵，深悟神的慈爱，正如罗马书5章5节所说"盼望不至于羞耻；因为所赐给我们的圣灵将神的爱浇灌在我们心里"。

无论是谁，只要因信领受赦罪的恩典，从水和圣灵重生，变成圣洁神的儿女，就可以从心底里爱神，谨守遵行祂的诫命，其信仰必不只停留在知识的层面上。

神的本意

神造人的目的是：要得到以发自肺腑的真爱去爱神并蒙神爱的真正的儿女。人若遵行神的诫命，爱神的心却不在其里面，怎能算是神的真儿女呢？

按劳得工价的雇工不能承受主人的产业，但主人的儿女们则可以承受其产业。与此同理，我们即使谨守遵行神的诫命，但若不明白神的慈爱，虽可得到神所应许的祝福，但称不上是神的真儿女。

反之，我们若是领悟神的慈爱，本着诚心遵行神的诫命，就可以作神真正的儿女，最终进入天国中至美的圣城，亲眼得见神的面，永世得享像日头一样发光的荣耀。

神切愿主用血赎买的所有灵魂，都能从内心里爱神，永世安居在神宝座所在的新耶路撒冷，尽享爱与被爱的幸福。于是在马太福音5章17节里，耶稣说："莫想我来要废掉律法和先知；我来不是要废掉，乃是要成全。"

爱神的凭据

如上所述，我们若悟透神赐诫命的本意，便能以爱成全律法。因为有了诫命，即律法，我们才得以将"爱"这无形的崇高理念，呈现为确实可见的凭据。

假如一个尽心、尽意爱神的人，求神赐福，若是没有一个衡量标准，公义的神怎能成全他呢？

因有诫命，即律法这一标准，才可以测定其尽心爱神与否。一个人口称爱神，却不全守主日，他所谓爱神便是虚假的。

所以，诫命就是衡量一个人爱神之程度的标准和凭据。

因此，约翰一书5章3节说："我们遵守神的诫命，这就是爱他了，并且他的诫命不是难守的。"

爱我的，我也爱他

我们因着遵守诫命得神的祝福，这福气乃是永不消灭的。

但以理先知具有不与世界妥协的坚定信心，得神的喜悦。

他原出身王族，属于犹大支派。主前605年，南国犹大因得罪神的缘故遭巴比伦王尼布甲尼撒的首次侵略之时，他早年被掳到巴比伦。

身为俘虏的但以理，得益于巴比伦当时针对俘虏的融和政策，与其他少年一同被选入宫中接受三年的教育，学习迦勒底的文化知识。

但以理恐怕所提供的王膳中有神所禁吃的食物，便求太监长容他不吃王膳玷污自己。他虽明知自己身为俘虏，王所赐的膳食是不可拒绝的，但他愿意尽一切所能来持守自己对神的信仰。

但以理的这般良善的内心，被神看中，神感动太监长的心，允准但以理不吃王的膳和王所饮的酒。

如此彻底遵守神诫命的但以理，最终登上了外邦国度巴比伦帝国的宰相高位。但以理因以坚定的信心，不与世界妥协，讨神的喜悦，历经四朝更替，仍然尊居高位，常蒙神的宠爱。

恳切寻求我的，必寻得见

神如此这般的祝福之应许，如今也丝毫没有改变；凡像但以理那样不与世俗妥协，凭着信心甘心遵行神诫命的人，都能从神得到丰盛的祝福。

我们教会有一位长老，十多年前在国内屈指可数的金融公司供职。当时由于业务关系，酒席应酬繁多，周末还有高尔夫聚会。但他自从领受执事职分，领悟神的慈爱开始，在商务洽谈的酒席上决然滴酒不沾，每个主日出席教会敬拜神。

有一天公司老总对他下了最后通牒："教会和公司中你必须要取其一。"素来性情刚直的长老，丝毫不犹豫地坦言道："公司对我很重要。但叫我两者取一，我宁愿选择教会。"

经过神奇妙的动工，老总的心反而被打动，从此更加信任这位长老，给他升职，愈加重用。

就这样，爱神并竭力遵行祂诫命的人，神必使他出色超群，凡事亨通，祝福满满。

神的约言不像人间的社会制度，因时代发展而变化和更替。无论任何时代任何人，只要顺从神的话语，神必照着祂的应许，赐福与人。

蒙神同在的路径

由此，神指示摩西的十诫，即神的法度，向我们揭示蒙神爱和祝福的标准。

正如箴言8章17节所说"爱我的，我也爱他；恳切寻求我的，必寻得见。"我们蒙神多大的祝福，乃取决于我们遵行神法度的程度。

约翰福音14章21节里，耶稣说："有了我的命令又遵守的，这人就是爱我的；爱我的必蒙我父爱他，我也要爱他，并且要向他显现。"

你是否觉得神的法度很繁重，很强制呢？其实我们只要从内心里爱神，神的诫命就一点都不难守，再说遵行神的诫命是神的儿女当尽的本分。

神的诫命就是我们蒙神喜爱、蒙神同在的唯一通道，又是我们经历神之大能、所求蒙允最快的捷径。

亚伯拉罕、但以理、约瑟这样的古人先知，皆因全然顺从神的话语而领受了超乎天下万民之上、出入蒙福的祝福。他们不仅在地得享凡事亨通的祝福，在天也得享像日头一样发光的尊荣。

奉主的名祝福各位读者能够侧耳倾听神的话语，"喜爱耶和华的律法，昼夜思想"，全然遵行神的法度。

　　"你看我怎样爱你的训词。

　　耶和华啊，求你照你的慈爱将我救活。

　　……爱你律法的人有大平安，

　　什么都不能使他们绊脚。

　　耶和华啊，我仰望了你的救恩，遵行了你的命令。

　　……愿我的舌头歌唱你的话，

　　因你一切的命令尽都公义。"

　　（诗篇119篇159-172节）

神的法度
The Law of God

在未获得乌陵出版社书面许可的情况下，不得对本书的内容进行制本、复印、电子传送等。

本书所引圣经经文取自《现代标点和合本》

作　　者: 李载禄
编　　辑: 宾锦善
设　　计: 乌陵出版社设计组
发　　行: 乌陵出版社 (发行人: 宾圣建)
印　　刷: 艺源印刷厂
出版日期: 2009年4月初版 (韩国，乌陵出版社，韩国语)
　　　　　2012年6月初版 (韩国，乌陵出版社)

问 讯 处: 乌陵出版社
电　　话: 82-2-837-7632 / 82-70-8240-2072
传　　真: 82-2-869-1537
E-mail: urimbook@hotmail.com

"乌陵"是旧约时代的大祭司为了求问神的旨意而使用的决断的胸牌，希伯来原意为"光"（出埃及记28章30节）。"光"代表着将我们引入生命的神的话语，因此"乌陵"也是代表着本为光的神。乌陵出版社为了用真光照亮整个世界，如今正在以祷告和赤诚，奔跑在文书宣教的前沿。